THE EVERYTHING
LARGE-PRINT BIBLE WORD
SEARCH BOOK, VOLUME III

Dear Reader,

These humble puzzles are filled with some wonderful words. That's because each puzzle is based on a Bible passage. I've selected words from the passages and hidden them in the letter grids. Your job is to round up all of these lost words. I think this can be a fun way to exercise the brain and nourish the spirit.

It was a joy picking out some of my favorite Bible verses for this book. I've gathered interesting passages from all parts of the Bible, from both the Old and New Testaments. Some of these passages tell amazing stories, others offer guidance, and all of them are inspirational.

We printed this book with large letters because bigger is better. This format makes it a breeze to scan the grids looking for hidden words. Your word-finding abilities will be challenged, not your vision.

I hope your journey through these pages is both entertaining and enlightening. Happy searching!

Charles Timmerman

Welcome to the EVERYTHING® Series!

These handy, accessible books give you all you need to tackle a difficult project, gain a new hobby, comprehend a fascinating topic, prepare for an exam, or even brush up on something you learned back in school but have since forgotten.

You can choose to read an Everything® book from cover to cover or just pick out the information you want from our four useful boxes: e-questions, e-facts, e-alerts, and e-ssentials. We give you everything you need to know on the subject, but throw in a lot of fun stuff along the way, too.

We now have more than 400 Everything® books in print, spanning such wide-ranging categories as weddings, pregnancy, cooking, music instruction, foreign language, crafts, pets, New Age, and so much more. When you're done reading them all, you can finally say you know Everything®!

PUBLISHER Karen Cooper

MANAGING EDITOR, EVERYTHING® SERIES Lisa Laing

COPY CHIEF Casey Ebert

ASSOCIATE PRODUCTION EDITOR Mary Beth Dolan

ACQUISITIONS EDITOR Lisa Laing

EVERYTHING® SERIES COVER DESIGNER Erin Alexander

Visit the entire Everything® series at *www.everything.com*

THE
EVERYTHING®
LARGE-PRINT
BIBLE
WORD SEARCH
BOOK
VOLUME III

150 Bible word search puzzles—
in easy-to-read large print

Charles Timmerman
Founder of Funster.com

Adams Media
New York London Toronto Sydney New Delhi

Adams media

Adams Media
An Imprint of Simon & Schuster, Inc.
100 Technology Center Drive
Stoughton, MA 02072

Copyright © 2013 by Simon & Schuster, Inc.

All rights reserved, including the right to reproduce this book or portions thereof in any form whatsoever. For information address Adams Media Subsidiary Rights Department, 1230 Avenue of the Americas, New York, NY 10020.

An Everything® Series Book.
Everything® and everything.com® are registered trademarks of Simon & Schuster, Inc.

ADAMS MEDIA and colophon are trademarks of Simon and Schuster.

For information about special discounts for bulk purchases, please contact Simon & Schuster Special Sales at 1-866-506-1949 or business@simonandschuster.com.

The Simon & Schuster Speakers Bureau can bring authors to your live event. For more information or to book an event contact the Simon & Schuster Speakers Bureau at 1-866-248-3049 or visit our website at www.simonspeakers.com.

Manufactured in the United States of America

13 2023

Library of Congress Cataloging-in-Publication Data has been applied for.

ISBN 978-1-4405-6452-9

Many of the designations used by manufacturers and sellers to distinguish their products are claimed as trademarks. Where those designations appear in this book and Simon & Schuster, Inc., was aware of a trademark claim, the designations have been printed with initial capital letters.

Scripture quotations marked (ESV) are from The Holy Bible, English Standard Version® (ESV®), copyright © 2001 by Crossway, a publishing ministry of Good News Publishers. Used by permission. All rights reserved.

Scripture quotations marked (GW) are taken from *GOD'S WORD*®. Copyright © 1995 God's Word to the Nations. Used by permission of Baker Publishing Group. All rights reserved.

Scripture quotations marked (NLT) are taken from the Holy Bible, New Living Translation, copyright © 1996, 2004, 2007 by Tyndale House Foundation. Used by permission of Tyndale House Publishers, Inc., Carol Stream, Illinois 60188. All rights reserved.

Scripture quotations marked (ASV) are from the Holy Bible, American Standard Version.

Scripture quotations marked (KJV) are from the Holy Bible, King James Version

*In memory of my mom; she loved the
Bible and word search puzzles.*

Contents

Acknowledgments

I would like to thank each and every one of the more than half a million people who have visited my website, *www.funster.com*, to play word games and puzzles. You have shown me how much fun puzzles can be and how addictive they can become!

It is a pleasure to acknowledge the folks at Adams Media who made this book possible. I particularly want to thank my editor, Lisa Laing, for so skillfully managing the many projects we have worked on together.

Introduction

The puzzles in this book are in the traditional word search format. The words you will be searching for are underlined in Bible passages. Words are hidden in the puzzles in any direction: up, down, forward, backward, or diagonal. The words are always found in a straight line and letters are never skipped. Words can overlap. For example, the two letters at the end of the word "MAST" could be used as the start of the word "STERN." Draw a circle around each word you find. Then cross out the word in the verse so you will always know which words remain to be found.

A favorite strategy is to look for the first letter in a word, then see if the second letter is in any of the neighboring letters, and so on until the word is found. Or instead of searching for the first letter in a word, it is sometimes easier to look for letters that stand out, like Q, U, X, and Z. Double letters in a word will also stand out and be easier to find. Another strategy is to simply scan each row, column, and diagonal looking for any words.

Puzzles

PRIDE GOETH BEFORE DESTRUCTION
PROVERBS 16:18–25

Pride goeth before destruction, And a haughty **spirit** before a **fall**. **Better** it is to be of a **lowly** spirit with the **poor**, Than to **divide** the **spoil** with the **proud**. He that **giveth heed unto** the **word shall find good**; And **whoso** trusteth in Jehovah, **happy** is he. The **wise** in **heart** shall be **called** prudent; And the sweetness of the **lips** increaseth learning. Understanding is a well-spring of **life** unto him that **hath** it; But the correction of **fools** is **their folly**. The heart of the wise instructeth his **mouth**, And **addeth** learning to his lips. Pleasant words are as a honeycomb, **Sweet** to the **soul**, and health to the **bones**. There is a **way which** seemeth **right** unto a **man**, But the **end** thereof are the ways of **death**. (ASV)

```
J R A R Y K Q M S T G W H D
E S O U L M L L E P O Y O W
R V R M L B O E F R O E H T
S Z U C O O W U D I D I N N
S B M N F S L X T G C O L T
F D E A T H Y Y W H O S O Q
B S L T N O W B P T W L H G
M L G D T B T I B P H L E W
W V C Y C E I Q S E A A S B
F O A S R F R G O E T H T C
K W L D T O I I Y R E S D H
E R L I D R P V D A D N Q T
P N E V U E S E R R I E H T
B G D I O B T T T F R B E Y
U A Q D R K S H L I P S E D
L I F E P O O R W W N U D K
```

Solution on Page 314

WIN HER BACK

HOSEA 2:14–18

"That is why I'm **going** to **win** her **back**. I will **lead** her **into** the **desert**. I will **speak tenderly** to her. I will **give** her **vineyards** there. I will **make** the valley of **Achor** a **door** of **hope**. Then she will **respond** as she **did** when she was young, as she did when she came **out** of **Egypt**. On that **day** she will call me her husband," **declares** the LORD. "She will no **longer** call me her **master**. I won't allow her to **say** the **names** of **other gods** called Baal. She will **never again** call out their names. On that day I will make an arrangement with the wild animals, the **birds**, and the animals that **crawl** on the ground. I will **destroy all** the **bows**, **swords**, and **weapons** of **war**, so **people can live** safely." (GW)

```
G R A D D O O R D R G I V E
J N A S D R A Y E N I V G Y
Y E I L I R U H C S E Y O S
L V C O D Y T L L A P R N W
X E T N G O L W A T T O B O
P R A G A I N R R S P I N R
K A A E U D W N E N R E A D
H O T R E S E D S D L W Y S
O U S W O B X F S P N M S L
O T I A T H S N O P A E W Z
C G I D M B C E K S M A T K
Q P L N A C P A T A R Y G F
X J W L K Y V E N C E J O S
X S V C E K R P G W V P D Y
O G A C N Y R O T N I H S F
T B J Y J J X R H B G L N B F
```

Solution on Page 314

FELLOW HEIRS WITH CHRIST
ROMANS 8:12–17

So then, **brothers**, we are **debtors**, not to the flesh, to **live** according to the flesh. For if you live according to the flesh you will die, but if by the **Spirit** you put to **death** the **deeds** of the **body**, you will live. For **all** who are **led** by the Spirit of **God** are **sons** of God. For you **did** not **receive** the spirit of **slavery** to fall **back into fear**, but you have received the Spirit of **adoption** as sons, by **whom** we **cry**, "**Abba**! **Father**!" The Spirit **himself bears witness** with our spirit that we are **children** of God, and if children, then **heirs**—heirs of God and **fellow** heirs with **Christ**, **provided** we **suffer** with him in **order** that we **may** also be **glorified** with him. (ESV)

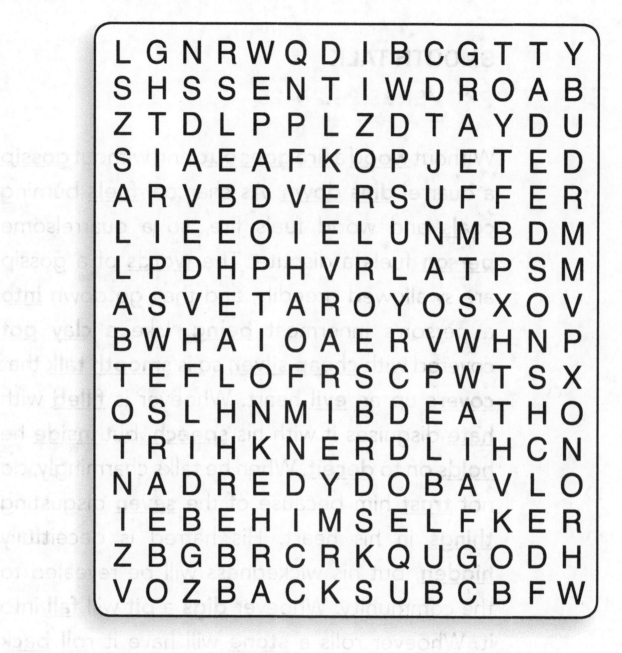

```
L G N R W Q D I B C G T T Y
S H S S E N T I W D R O A B
Z T D L P P L Z D T A Y D U
S I A E A F K O P J E T E D
A R V B D V E R S U F F E R
L I E E O I E L U N M B D M
L P D H P H V R L A T P S M
A S V E T A R O Y O S X O V
B W H A I O A E R V W H N P
T E F L O F R S C P W T S X
O S L H N M I B D E A T H O
T R I H K N E R D L I H C N
N A D R E D Y D O B A V L O
I E B E H I M S E L F K E R
Z B G B R C R K Q U G O D H
V O Z B A C K S U B C B F W
```

Solution on Page 314

SMOOTH TALK
PROVERBS 26:20–28

Without **wood** a **fire goes out**, and without **gossip** a quarrel **dies** **down**. As charcoal **fuels** burning **coals** and wood fuels fire, so a quarrelsome **person** fuels a dispute. The **words** of a gossip are swallowed greedily, and they go down **into** a person's innermost **being**. Like a **clay** **pot** covered with **cheap** **silver**, so is **smooth** **talk** that **covers** up an **evil** heart. Whoever is **filled** with **hate** disguises it with his **speech**, but **inside** he **holds** on to **deceit**. When he talks charmingly, do not **trust** him because of the **seven** disgusting **things** in his heart. His hatred is deceitfully **hidden**, but his wickedness will be revealed to the community. Whoever **digs** a **pit** will **fall** into it. Whoever rolls a **stone** will have it **roll** **back** on him. A **lying** tongue hates its victims, and a flattering mouth **causes** **ruin**. (GW)

```
D R J L G F R P I E T A L K
O G P D F U J F I R E I Q J
W Y O D I N S I D E V P S T
N O T N H S I L V E R I M H
W H R J S I D L Z I N T O I
H N Y D L O D E P E R S O N
W X E P S F L D C Y R U T G
R T J V U L J M E E D R H S
S P K E E Z A E V N I T O T
V B L P I S S O G Y E T L O
A S E S U A C P C C S H D N
E A G I G A L K E H L U S E
W F L E N S L V C E A A T W
S G A F I G O E S A C T Y V
D E U L Y I R U W P B H E G
Z Q T F L D J X T P R T A G
```

Solution on Page 314

EVIL NATIONS

ZEPHANIAH 3:6–9

"I have **wiped** **out** **many** **nations**, devastating **their** **fortress** walls and **towers**. Their **streets** are now **deserted**; their **cities** **lie** in **silent** **ruin**. There are no survivors—**none** at **all**. I thought, '**Surely** they will have reverence for me now! Surely they will listen to my **warnings**. Then I won't **need** to **strike** **again**, destroying their homes.' But no, they get up **early** to **continue** their **evil** **deeds**. Therefore, be patient," **says** the **LORD**. "Soon I will **stand** and **accuse** these evil nations. For I have **decided** to gather the **kingdoms** of the earth and pour out my **fiercest** **anger** and **fury** on them. All the earth will be devoured by the **fire** of my jealousy. Then I will **purify** the **speech** of all **people**, so that **everyone** **can** **worship** the LORD together." (NLT)

```
F I T R B U X L I E I S S N
K I N G D O M S V U N F K Z
E S R P E O P L E U U O D W
V U P E S G N I N R A W N D
Y R N F E V E R Y O N E A R
U E T I R V Z K F X G A T U
X L P S T N E L I S E R S I
C Y D E E N G F S R R L D N
W I P E D C O T N R T Y E N
T W T R L R R C E A I S E G
O O O I T E D E D I C E D U
W L V R E N A T I O N S H E
E E T S S D G T F T U O T
R S S Y R H C E E P S C N L
S M A N Y F I R U P L C L Z
I S G M F F V P C A G A I N
```

Solution on Page 315

JOYFUL SONG

PSALMS 33:1–9

Joyfully **sing** to the **Lord**, you righteous **people**. Praising the Lord is **proper** for **decent** people. **Give thanks** with a **lyre** to the Lord. **Make music** for him on a ten-stringed **harp**. Sing a **new song** to him. **Play** beautifully and joyfully on stringed instruments. The word of the Lord is **correct**, and everything he does is trustworthy. The Lord **loves** righteousness and justice. His **mercy fills** the earth. The **heavens** were **made** by the word of the Lord and **all** the stars by the **breath** of his **mouth**. He gathers the **water** in the **sea** like a **dam** and **puts** the **oceans** in his storehouses. Let all the earth **fear** the Lord. Let all who **live** in the **world stand** in **awe** of him. He **spoke**, and it **came into being**. He **gave** the order, and **there** it **stood**. (GW)

```
K N X T J G C H Z M P A R J
V F R P Z F E H U Y X O T T
I Q G S I L X S M O U T H S
V I G I A F I K Q E O N E S
U Z K N V C D N K A R I R L
M I N G O E V A G L H C E R
G Q C A G S M H P L O U Y M
E W A X U S Z T T R R R A S
W J M S T O O D R A A D D O
O C E A N S N E V A E H L H
R A N E W L C C P O F R H N
L D R E I T J E G N I E B Z
D Y P R T C O N E K O P S T
L I A Y V P F T S E V O L U
N K S L L I F W A T E R A E
L I V E P H I Y S T U P X K
```

Solution on Page 315

DON'T LEAVE ME
PSALMS 27:7–13

Hear me as I **pray**, O **LORD**. Be **merciful** and **answer** me! My heart has heard you **say**, "**Come** and **talk** with me." And my heart **responds**, "LORD, I am coming." Do not **turn your back** on me. Do not **reject** your servant in **anger**. You have **always** been my **helper**. Don't leave me now; don't abandon me, O **God** of my salvation! **Even** if my father and mother abandon me, the LORD will **hold** me close. **Teach** me how to **live**, O LORD. **Lead** me **along** the **right path**, for my **enemies** are **waiting** for me. Do not let me **fall into their hands**. For they accuse me of **things** I've never **done**; with every **breath** they **threaten** me with **violence**. Yet I am confident I will **see** the LORD's goodness **while** I am **here** in the **land** of the living. (NLT)

```
E S D N A H L L A F I D O G
A D E E T H U W D E D T Z D
T N M O H F M B B L N K F C
B O G N I T I A W I O R S Q
C P A C N W C X L H P H Y X
N S R N G K A N S W E R O P
E E Y A S H K E T R A A U A
M R T E C L C H E U L Y R T
A Q V A V N G Q H O R E S H
V E E S E I M E N E G N E K
I T D L R R L G P N D A E L
Q G O N M P H T A E R B G A
T I P V E N R T H E I R Q T
V L D R E J E C T D N A L T
B C D V A G I P P A L O R D
Q J E K A Y M V V C T H D D
```

Solution on Page 315

THE TONGUE

JAMES 3:3–8

We **can** **make** a **large** horse go wherever we want by **means** of a small **bit** in its **mouth**. And a small **rudder** makes a **huge** **ship** **turn** wherever the **pilot** chooses to go, **even** though the **winds** are strong. In the **same** **way**, the tongue is a small **thing** that makes **grand** speeches. But a **tiny** **spark** can **set** a **great** **forest** on **fire**. And the tongue is a **flame** of fire. It is a **whole** **world** of wickedness, corrupting **your** **entire** **body**. It can set your whole **life** on fire, for it is set on fire by **hell** itself. **People** can **tame** **all** **kinds** of animals, birds, reptiles, and **fish**, but no **one** can tame the tongue. It is restless and **evil**, **full** of **deadly** poison. (NLT)

```
D A W A I Q A H F P I H S Z
I C E U C W D K J E G U B V
Z O U E H C S X V M F G H O
G L U O A P Y F M A K E I A
M N L U A C O T U S L Z O E
A E G R A L U S A L Y F Q Q
L T K N U R R G N O L B L Y
L I K I N D S D N A R G T X
M H V J T P D E M I E M I D
E O P E O P L E L N H M N O
A M F R T S E G R E A T Y P
I I A I E N M E X V D D I F
L X B T S E R O F E O L I I
Z W I N D S Q L U B O R B S
K K D E A D L Y B T E O D H
R O S P W A Y F F A H W A T
```

Solution on Page 315

THE DESIRES OF THE RIGHTEOUS
PROVERBS 10:21–28

The **lips** of the righteous **feed** many, but fools **die** for **lack** of sense. The **blessing** of the **LORD** makes **rich**, and he **adds** no **sorrow** with it. **Doing** **wrong** is like a joke to a **fool**, but **wisdom** is **pleasure** to a **man** of understanding. **What** the **wicked** **dreads** will **come** **upon** him, but the **desire** of the righteous will be **granted**. When the **tempest** **passes**, the wicked is no more, but the righteous is established **forever**. Like **vinegar** to the **teeth** and **smoke** to the **eyes**, so is the sluggard to **those** who **send** him. The **fear** of the LORD **prolongs** **life**, but the **years** of the wicked will be **short**. The **hope** of the righteous **brings** **joy**, but the expectation of the wicked will **perish**. (ESV)

```
P S H O R T H O S E Y E S G
E I D F M G N S S J P L N O
V H N A J N N O E P O H W L
T P N D E O R I S S H Y P O
L C R K N R T D S T S V P R
Q O O O O W D E E S I A G T
L M O W L A E E M N E Z P A
S E H F V O T Y E P D L D H
T W S B D E N G E O E E B W
D X I G N O A G I A S S I M
F N R S N R R N S I R C T N
F E E D D I G U R F K S O L
U X P S F O R E V E R P R A
V P L I F E M B D C U I I M
R W B D I L A C K Q C L Y Z
D G E A V U R R Q H Z I A H
```

Solution on Page 316

DO NOT JUDGE OTHERS

THE GOSPEL OF MATTHEW 7:1–6

"Do not **judge** **others**, and you will not be judged. For you will be treated as you **treat** others. The **standard** you use in judging is the standard by **which** you will be judged. And why **worry** **about** a **speck** in **your** friend's **eye** when you have a **log** in your **own**? How **can** you **think** of **saying** to your friend, 'Let me **help** you get **rid** of that speck in your eye,' when you can't **see** **past** the log in your own eye? Hypocrite! **First** get rid of the log in your own eye; then you will see **well** **enough** to **deal** with the speck in your friend's eye. Don't **waste** **what** is **holy** on **people** who are unholy. Don't throw your **pearls** to **pigs**! They will **trample** the pearls, then **turn** and **attack** you." (NLT)

```
V O O S S N R U T J D U P P
G C E R D T U O B A I X K E
D Y I P R P R U S E E C Q A
J T V G D S T A N D A R D R
U X M K I S H W M T I U T L
X D X N R C O K T P E O P S
D T P I I W H A T Z L I R K
B K F H E A O J U D G E G I
U D W T L T P R V S H N A C
P K S W F L L E R T I O R N
L A E D W I E W O Y S U X P
W V S M B Y H W A P O G F J
V E K T E N O S H Y L H W I
O X N X U L L O G S P E C K
Y U O D Q J Y D W P H B T E
F T Q R U E S N O T J A E E
```

Solution on Page 316

LOVE GOD AND YOUR NEIGHBOR
THE GOSPEL OF MARK 12:28–33

One of the scribes **came** up and **heard** them **disputing** with one another, and **seeing** that he **answered** them **well**, **asked** him, "Which commandment is the **most important** of **all**?" **Jesus** answered, "The most important is, 'Hear, O **Israel**: The **Lord** our **God**, the Lord is one. And you shall **love** the Lord **your** God with all your heart and with all your **soul** and with all your **mind** and with all your **strength**.' The second is this: 'You shall love your **neighbor** as yourself.' There is no **other** commandment **greater** than these." And the **scribe** **said** to him, "You are **right**, **Teacher**. You have **truly** said that he is one, and there is no other **besides** him. And to love him with all the heart and with all the understanding and with all the strength, and to love one's neighbor as oneself." (ESV)

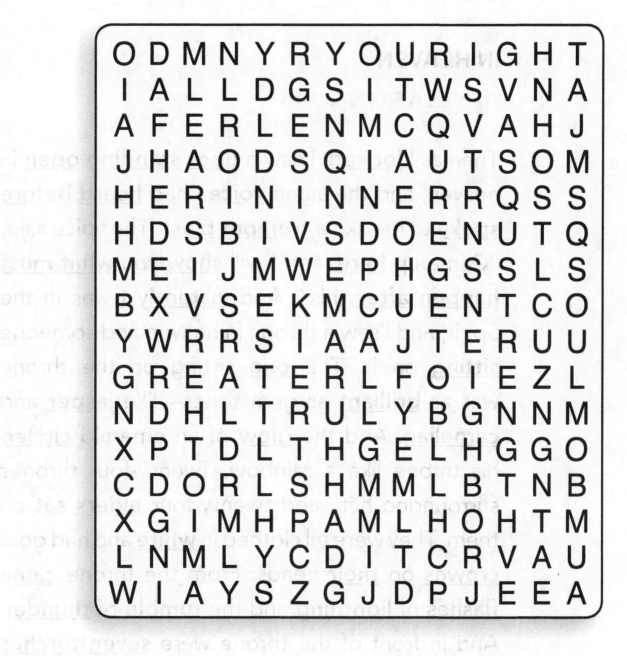

```
O D M N Y R Y O U R I G H T
I A L L D G S I T W S V N A
A F E R L E N M C Q V A H J
J H A O D S Q I A U T S O M
H E R I N I N N E R R Q S S
H D S B I V S D O E N U T Q
M E I J M W E P H G S S L S
B X V S E K M C U E N T C O
Y W R R S I A A J T E R U U
G R E A T E R L F O I E Z L
N D H L T R U L Y B G N N M
X P T D L T H G E L H G G O
C D O R L S H M M L B T N B
X G I M H P A M L H O H T M
L N M L Y C D I T C R V A U
W I A Y S Z G J D P J E E A
```

Solution on Page 316

IN HEAVEN
REVELATION 4:1–5

Then as I **looked**, I saw a **door** **standing** **open** in heaven, and the same **voice** I had **heard** **before** **spoke** to me like a **trumpet** **blast**. The voice said, "Come up **here**, and I will **show** you **what** **must** **happen** **after** this." And **instantly** I was in the Spirit, and I saw a throne in heaven and someone **sitting** on it. The **one** sitting on the throne was as **brilliant** as gemstones—like **jasper** and **carnelian**. And the **glow** of an emerald **circled** his throne like a rainbow. Twenty-four thrones surrounded him, and twenty-four **elders** **sat** on them. They were **all** clothed in **white** and had gold **crowns** on **their** heads. From the throne **came** **flashes** of **lightning** and the **rumble** of **thunder**. And in front of the throne were **seven** **torches** with **burning** **flames**. This is the sevenfold Spirit of **God**. (NLT)

```
E T Z L D S T J B A L L A T
K M F S E H S A L F O Q S L
O Y A V L I P S H O Z S X Z
P O E C C O G P K W I A F V
S N W O R C O E J T W L X H
A E H S I R D R T X A G G E
T S I R C I O I R M N N C R
E T T E J A N O E I I E E E
L O E D Q G R S D N E T F B
B R I L L I A N T R F H U E
M C N E P P A H E A A R T F
U H E B Z T G D N L N E P O
R E C L S I N K A I I T H R
C S I A L U Y S N W G A L E
L C O S H O W G L O W Q N Y
X N V T R U M P E T S U M K
```

Solution on Page 316

CROWDS FOLLOW JESUS
THE GOSPEL OF MARK 3:7–12

But **Jesus** withdrew himself with his disciples to the <u>sea</u>: and a **great** multitude **from Galilee** followed him, and from **Judaea**, And from Jerusalem, and from **Idumaea**, and from **beyond Jordan**; and they **about Tyre** and **Sidon**, a great multitude, when they had heard **what** great **things** he **did**, **came unto** him. And he **spake** to his disciples, that a **small ship should wait** on him because of the multitude, **lest** they should **throng** him. For he had **healed many**; insomuch that they pressed **upon** him for to **touch** him, as many as had **plagues**. And unclean spirits, when they **saw** him, **fell down before** him, and **cried**, saying, **Thou art** the **Son** of **God**. And he straitly charged them that they should not **make** him **known**. (KJV)

```
T N Y S N F J W H U T V E K
G H E W U O A B K Z X K C O
D S O P J S M A L L J F H I
X N O U D P E M A C C N E Y
K N O S A E D J A G P C K X
S Y D Y E E I O U K J K F F
P H N E E U A R W J E F E S
A G O U L B G D C N E R T A
K O D U I A A A U L K J Y R
E D I D L E E N L J Q Y Z T
B T S S A D R H T P O T K A
E C I M G S M O R F B T E H
S C U A O N U Y F T S S N W
H D S N W C I T A E R G V U
I V Z Y H X Z H L A B O U T
P C R J W F X I T H R O N G
```

Solution on Page 317

THE KINGDOM OF HEAVEN IS AT HAND
THE GOSPEL OF MATTHEW 3:1–7

And in **those** **days** **cometh** **John** the Baptist, preaching in the wilderness of **Judaea**, saying, **Repent** ye; for the **kingdom** of **heaven** is at **hand**. For this is he that was **spoken** of through Isaiah the **prophet**, saying, The **voice** of **one** **crying** in the wilderness, **Make** ye **ready** the **way** of the **Lord**, Make his **paths** straight. Now John **himself** had his **raiment** of camel's **hair**, and a leathern **girdle** about his **loins**; and his **food** was **locusts** and **wild** honey. Then **went** **out** **unto** him Jerusalem, and **all** Judaea, and all the region round about the **Jordan**; and they were baptized of him in the **river** Jordan, confessing **their** **sins**. But when he **saw** **many** of the Pharisees and Sadducees **coming** to his **baptism**, he said unto them, Ye offspring of **vipers** . . . (ASV)

```
O P C W F L T F N I N E B U
G P I R A L L O C U S T S L
C L C M Y E D E J N C N Y Y
D N O V S I C B U H O E A F
R N M M K I N G D O M W D P
O C I J O O T G A J E O N E
L H N V O E I P E R T Y A K
O B G S H R O N A U H M H V
I X I P D S D I O B B A I U
N N O L H J M A Q R I K R N
S R E T J E R S N R I E H T
P P A K N E V A E H V F H O
O P O T A E S W N I K O R P
K U G D V I P E R S S O T E
E S Y N A M R E C E D D H B
N K X A P S A C R F M R U Z
```

Solution on Page 317

A GENTLE TONGUE

PROVERBS 15:1–9

A **soft** **answer** **turns** away **wrath**, but a **harsh** **word** **stirs** up **anger**. The **tongue** of the **wise** **commends** knowledge, but the mouths of fools pour **out** **folly**. The **eyes** of the **LORD** are in **every** **place**, **keeping** watch on the **evil** and the **good**. A **gentle** tongue is a **tree** of **life**, but perverseness in it **breaks** the **spirit**. A **fool** despises his father's instruction, but whoever **heeds** **reproof** is **prudent**. In the house of the righteous **there** is **much** treasure, but trouble **befalls** the **income** of the **wicked**. The **lips** of the wise **spread** knowledge; not so the **hearts** of fools. The sacrifice of the wicked is an abomination to the LORD, but the **prayer** of the **upright** is acceptable to him. The **way** of the wicked is an abomination to the LORD. (ESV)

```
T C D L I E S I W E Z R G W
J F O L L Y S R H E E D S Z
G R O M C K L K I R A A U R
D W G S M R E E L T N E G V
M R T R B E F A L L S R R P
H A U L P P N Z Y E W P O Y
W T R I O R W D Y U E S I K
F H N V Y O E E S G R R F L
M G S E R O F Y D E K C I W
X I G D D F E C A L P N A E
U P H L N U B E A R C Y H E
D M T H G I R P U O P S E V
T X C L I F E P M G R K R E
J U N S T R A E H A N G E R
M U O A L C K S H Y N O H Y
I T I R I P S T T Z G V T X
```

Solution on Page 317

A LAME MAN WALKS

ACTS 3:2–8

And a **man** **lame** **from** **birth** was **being** **carried**, **whom** they **laid** **daily** at the **gate** of the **temple** that is **called** the Beautiful Gate to **ask** **alms** of **those** entering the temple. **Seeing** **Peter** and **John** **about** to go **into** the temple, he asked to receive alms. And Peter directed his **gaze** at him, as **did** John, and **said**, "Look at us." And he **fixed** his attention on them, expecting to receive something from them. But Peter said, "I have no **silver** and gold, but **what** I do have I **give** to you. In the **name** of **Jesus** Christ of Nazareth, **rise** up and **walk**!" And he **took** him by the **right** **hand** and **raised** him up, and immediately his **feet** and **ankles** were made **strong**. And leaping up he stood and **began** to walk, and entered the temple with them, walking and leaping and praising **God**. (ESV)

```
M L U B L B S Y Q R E G M D
Q F S X L A I D R T N H O J
W R D R G D L B E I T G H P
R Y M A A S E M E D S A W I
X O T S I I P E S S R E H A
K E T K N L S T S I O A T W
Y N Y G E V Y E G U N H F L
F R O M F E A H D D S R T A
R T E B I R T H D E O E E G
R U Z T X J N V L I L T J S
R T A O E F G K T R D L N W
X H G O D P N U L R T B A I
N U O K D A O B L A M E G C
D A W L I B R G Y C W I E D
M Z W N A M T K V F V U B F
I L S H S N S J C E M A N W
```

Solution on Page 317

CHRIST LIVING IN ME
GALATIANS 2:17–21

But if, while we sought to be **justified** in **Christ**, we **ourselves** also were **found** sinners, is Christ a **minister** of **sin**? **God forbid**. For if I **build** up **again those things which** I **destroyed**, I **prove myself** a transgressor. For I **through** the **law died unto** the law, that I **might live** unto God. I have been **crucified** with Christ; and it is no **longer** I that live, but Christ living in me: and that **life** which I now live in the **flesh** I live in **faith**, the faith which is in the **Son** of God, who **loved** me, and **gave himself** up for me. I do not **make void** the **grace** of God: for if righteousness is through the law, then Christ died for **nought**. (ASV)

```
N H N O U G H T E S O H T D
L N P K I C G X S B W H R R
F O U N D H U Y G H G U L K
V A V J Z R O G I I C G L G
D Z I E U I R C M A K E O M
J E C T D S H J D Y E D B C
S G N I H T T E E Q S I U H
L T E X H V S I I E E E I L
F L E S H T U G F L V D L I
V O I D R C F A I I L O D F
E U R O W L G V C V E J R E
D Q Y B E A U E U E S D D P
R E T S I N I M R G R A C E
D N M N T D Y P C M U B D L
H I N O S H R E G N O L A W
H S W J W E F C E B F J J H
```

Solution on Page 318

ON A WHITE HORSE

REVELATION 19:11–18

Then I **saw** heaven **opened**, and **behold**, a white **horse**! The **one** sitting on it is **called** Faithful and **True**, and in righteousness he **judges** and **makes war**. His **eyes** are like a **flame** of **fire**, and on his **head** are **many diadems**, and he has a **name** written that no one **knows** but **himself**. He is **clothed** in a robe **dipped** in **blood**, and the name by **which** he is called is The **Word** of **God**. And the **armies** of heaven, **arrayed** in **fine linen**, white and **pure**, were following him on white horses. From his **mouth comes** a **sharp** sword with which to **strike down** the nations, and he will **rule** them with a **rod** of iron. He will **tread** the winepress of the **fury** of the **wrath** of God the Almighty. (ESV)

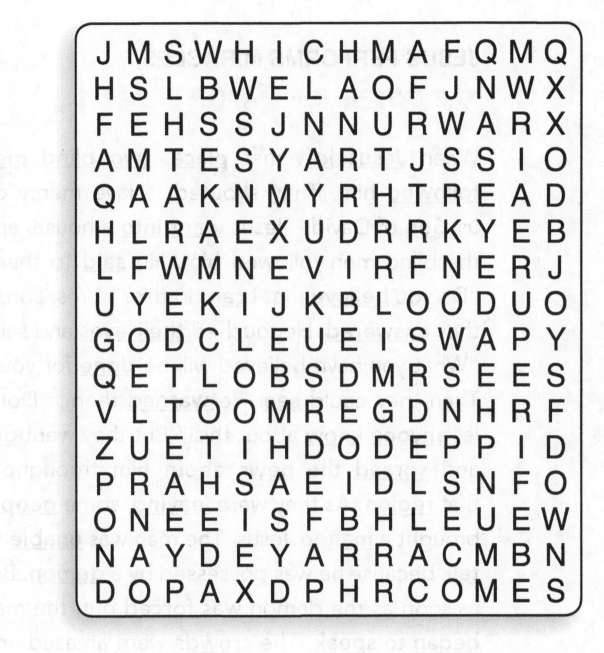

```
J M S W H I C H M A F Q M Q
H S L B W E L A O F J N W X
F E H S S J N N U R W A R X
A M T E S Y A R T J S S I O
Q A A K N M Y R H T R E A D
H L R A E X U D R R K Y E B
L F W M N E V I R F N E R J
U Y E K I J K B L O O D U O
G O D C L E U E I S W A P Y
Q E T L O B S D M R S E E S
V L T O O M R E G D N H R F
Z U E T I H D O D E P P I D
P R A H S A E I D L S N F O
O N E E I S F B H L E U E W
N A Y D E Y A R R A C M B N
D O P A X D P H R C O M E S
```

Solution on Page 318

JESUS PERFORMS MIRACLES
THE GOSPEL OF MATTHEW 9:27–33

When **Jesus** **left** that **place**, **two** **blind** **men** **followed** him. They shouted, "Have mercy on us, **Son** of David." Jesus **went** **into** a house, and the blind men followed him. He **said** to them, "Do you **believe** that I **can** do this?" "Yes, Lord," they **answered**. He touched **their** **eyes** and said, "What you have believed will be **done** for you!" Then they could **see**. He **warned** them, "Don't let **anyone** **know** about this!" But they went **out** and **spread** the **news** about him throughout that **region**. As they were **leaving**, some **people** brought a **man** to Jesus. The man was **unable** to **talk** because he was possessed by a **demon**. But as soon as the demon was **forced** out, the man **began** to **speak**. The **crowds** were amazed and said, "We have **never** seen **anything** like this in Israel!" (GW)

```
L W Q C P D P M R O S D N R
S U J S I W N Y I W S A J B
A P D C G D E A E T N E K T
C D E H N G M N H Y S R Y F
D R M A Z P F P T U F P E E
Y W O N K V Z H S O E S P L
Z L N W W A I T L V B E Y L
C N O S D N X L E Z O L S X
S F E D G S O I V P B B U K
M A N V D W L D L E C A L P
A K I Y E E L E N O Y N A M
S K K D B R C N A O T U A N
H D F L R E G R J V I N A C
F O I W A D H A O W I G I N
H N P O U T R W F F E N E M
D E I E I V C L Y B K N G R
```

Solution on Page 318

HE CHOSE US

EPHESIANS 1:3–8

Praise the **God** and **Father** of our **Lord** **Jesus** **Christ**! Through Christ, God has blessed us with **every** **spiritual** blessing that **heaven** has to **offer**. **Before** the **creation** of the **world**, he chose us through Christ to be **holy** and **perfect** in his presence. Because of his **love** he had **already** **decided** to **adopt** us through Jesus Christ. He freely chose to do this so that the kindness he had **given** us in his **dear** **Son** would be praised and given glory. Through the **blood** of his Son, we are **set** **free** **from** our **sins**. God forgives our **failures** because of his overflowing kindness. He poured **out** his kindness by giving us every **kind** of **wisdom** and **insight** when he revealed the **mystery** of his **plan** to us. He had decided to do this through Christ. (GW)

```
V S W X R G I E F A Q E V K
B O U T T V M N D F S N Z X
Y T V S B M C X P L Z C F F
U K D P E V W H U J O L L R
T E T L F J G G R B Z O Y O
H H E V O L I D N I K F R M
A S G P R V N O S V S N E O
T M I I E Y L O H P A T V D
T Y K N S R F A I L U R E S
C S B X S N F R P T Y D F I
Q T L W H L I E Q M A R K W
Y E O J O T D E C I D E D K
L R O R U R G U R T I H R Q
H Y D A E R L A D O P T R C
O R L F R E E D N E V A E H
V V K G O D B U R E F F O S
```

Solution on Page 318

HEAR MY WORDS

PSALMS 17:1-7

Hear a **just cause**, O **LORD**; **attend** to my **cry**! **Give ear** to my **prayer from lips free** of **deceit**! From **your** presence let my vindication **come**! Let your **eyes behold** the **right**! You have **tried** my heart, you have visited me by **night**, you have tested me, and you will **find** nothing; I have purposed that my **mouth** will not transgress. With regard to the works of **man**, by the **word** of your lips I have avoided the **ways** of the violent. My **steps** have **held fast** to your **paths**; my **feet** have not slipped. I **call upon** you, for you will **answer** me, O **God**; incline your ear to me; hear my words. Wondrously **show** your steadfast **love**, O Savior of **those** who **seek refuge** from **their** adversaries at your right **hand**. (ESV)

```
Z W T H G I N N A N M R X S
S P E T S D O M Z X P K O U
Q C S U D T E V L L L H C R
J D L O H E B A E X O L S I
I N X M R C I J R V O L K E
T E E F C V D R C F I E M H
D T I E C E D N T R I G H T
H T S U J P H C I E Y E S V
I A N S W E R S A F M O R F
Z A S E H Z L A C U A O U H
M Z S C L T L H Y G S S C R
Q K W D R O A U E E M E T W
L E E U V N C P S L R U O W
H G G E D A M O P N D R O L
Q L Q O S M H N I Q D H E X
E O G H L T F T L C S Y A W
```

Solution on Page 319

GOING HOME
THE GOSPEL OF MARK 6:1–6

Jesus **left** that place and **went** to his hometown. His disciples followed him. When the **day** of worship **came**, he **began** to **teach** in the synagogue. He amazed many who **heard** him. They **asked**, "Where **did** this **man** get these **ideas**? Who **gave** him this **kind** of **wisdom** and the **ability** to do **such** **great** miracles? Isn't this the carpenter, the **son** of Mary, and the brother of **James**, **Joseph**, Judas, and **Simon**? Aren't his **sisters** **here** with us?" So they **took** offense at him. But Jesus **told** them, "The **only** place a **prophet** isn't **honored** is in his hometown, **among** his relatives, and in his **own** house." He couldn't **work** any miracles there **except** to **lay** his **hands** on a **few** **sick** **people** and **cure** them. **Their** unbelief amazed him. (GW)

```
L H O V N C H Z F R M X J C
P E C A V C G C E Q D W L L
F R R A S P R H U F Z L E E
X E E D E H E O S S D H O F
G W K M M T A L R N A P R T
R M D E A O T P E C X E A H
D D R R J C D C T K Y S D E
J R Q U A O J S S T D O R I
V P Q C F E K E I I O J O R
V R S D N A H L S W M A N R
M O A N G A I P N U T O O K
P P R A O B G O V K S N N L
U H V M A S K E D A Y L A A
D E R O N O H P B N D Y A G
D T T N E W O R K S I C K Y
B H P G Y R V U B H D K X V
```

Solution on Page 319

PAY YOUR DEBTS
ROMANS 13:8–12

Pay **your** debts as they **come** **due**. However, **one** **debt** you **can** never **finish** paying is the debt of **love** that you **owe** **each** **other**. The one who loves another person has fulfilled Moses' Teachings. The commandments, "Never commit adultery; never **murder**; never **steal**; never have wrong desires," and **every** other commandment are **summed** up in this **statement**: "Love your **neighbor** as you love yourself." Love never does anything that is **harmful** to a neighbor. **Therefore**, love **fulfills** Moses' Teachings. You know the times in **which** we are **living**. It's **time** for you to **wake** up. Our salvation is nearer now than when we **first** became believers. The **night** is **almost** over, and the **day** is **near**. So we **should** get **rid** of the **things** that belong to the dark and **take** up the weapons that belong to the **light**. (GW)

Solution on Page 319

COUNT THE STARS

GENESIS 15:2–7

Abram asked, "Almighty **LORD**, **what** will you **give** me? **Since** I'm **going** to **die** without **children**, **Eliezer** of Damascus will **inherit** my household. You have given me no children, so this **member** of my household will be my **heir**." **Suddenly**, the LORD **spoke** his **word** to Abram **again**. He **said**, "This **man** will not be your heir. Your **own son** will be your heir." He **took** Abram outside and said, "Now **look** up at the **sky** and count the **stars**, if you are **able** to count them." He also said to him, "That's how many descendants you will have!" Then Abram **believed** the LORD, and the LORD **regarded** that **faith** to be his **approval** of Abram. Then the LORD said to him, "I am the LORD, who brought you **out** of Ur." (GW)

```
M Z C G X O H I I C E Y O S
L R R L M H Z E D T J Q D O
P E K W D U D I I V S O N S
G G H E L I E Z E R I F N O
L A P P R O V A L B N J K M
T R C I N H E R I T C W V D
J D S L C H I L D R E N O W
U E D S R Y L N E D D U S X
V D F L G E E V A P R P J I
J N Y G S S B Q K O O T C E
J I M N A T U M J K W X J I
T K N I A G A W E L B A A X
W A D O E R I R J M O B L W
M W W G B O O V S K Y O U T
U T F A I T H P E W R W K C
K B N S O E Y R U D R F B D
```

Solution on Page 319

PURIFY ME

PSALMS 51:7–15

Purify me with **hyssop**, and I shall be **clean**: **Wash** me, and I shall be whiter than **snow**. Make me to **hear** **joy** and gladness, That the **bones** **which** thou **hast** **broken** **may** rejoice. **Hide** **thy** **face** **from** my sins, And **blot** **out** **all** **mine** iniquities. **Create** in me a clean heart, O **God**; And **renew** a **right** **spirit** within me. **Cast** me not **away** from thy presence; And **take** not thy **holy** Spirit from me. **Restore** **unto** me the joy of thy salvation; And uphold me with a willing spirit. Then will I **teach** transgressors thy ways; And sinners shall be converted unto thee. **Deliver** me from bloodguiltiness, O God, thou God of my salvation; And my **tongue** shall **sing** aloud of thy righteousness. O **Lord**, **open** thou my **lips**; And my mouth shall **show** forth thy **praise**. (ASV)

```
X G O Q V I W S P I R I T J
U N K E G C A O M J D R O L
M I N E R E S T O R E Y Q Y
X S Y Y S S H G R Z L M I I
U O J O Y I E W F O I Q R Q
G L U H F N A C H Y V A V W
P J L C I Z B R O K E N H M
B A O A R R C E P H R A P A
B S D E U M Y A W E N E R Y
R K N T P Y H T S H D L I A
F W B S R F O E P T A C G W
Q P H P H N N C I L Y S H A
Z C I C G O K Q L E N I T P
G W D U B K W T K O C O N A
O P E N C I U A W H L A V A
D Z J G X O T N U B T N F M
```

Solution on Page 320

PETER RESURRECTS TABITHA
ACTS 9:36–40

Now there was in **Joppa** a disciple named Tabitha, **which**, translated, means **Dorcas**. She was **full** of **good** **works** and **acts** of charity. In **those** **days** she became **ill** and **died**, and when they had washed her, they **laid** her in an **upper** **room**. **Since** **Lydda** was **near** Joppa, the disciples, hearing that **Peter** was there, **sent** **two** **men** to him, **urging** him, "**Please** come to us without **delay**." So Peter **rose** and **went** with them. And when he arrived, they **took** him to the upper room. **All** the widows stood **beside** him weeping and showing **tunics** and **other** garments that Dorcas **made** while she was with them. But Peter put them all outside, and **knelt** **down** and **prayed**; and turning to the **body** he said, "Tabitha, **arise**." And she **opened** her **eyes**, and when she saw Peter she **sat** up. (ESV)

```
J C F Q N A P W K D P T R W
N T T Y B E S E N T E L H S
T B N O T E S A E L P I K A
R M D E Y A R P L G C R D T
E Y R H C A H H T H O S E H
K J R R P Y D S R W D X Z L
N A O P E N E D E L A Y L R
E D I S E B O S Y Y D A Y S
A O S C R O O M I L E I T C
R W G I G H U R T R L C Y F
O N F N N Q P E G L A I D A
S T B U I C P H D P A L I K
E A W T L G E T P A O M N X
N O N O S L R O V K M F N V
W E V O W S J U N Z T C W T
W V M K Z Q N I T R T B A U
```

Solution on Page 320

TEN LEPERS

THE GOSPEL OF LUKE 17:11–19

As **Jesus** continued on **toward** Jerusalem, he **reached** the **border** **between** **Galilee** and Samaria. As he entered a **village** there, **ten lepers** **stood** at a **distance**, **crying** **out**, "Jesus, Master, have mercy on us!" He **looked** at them and said, "Go **show** yourselves to the priests." And as they **went**, they were **cleansed** of their **leprosy**. **One** of them, when he **saw** that he was healed, came **back** to Jesus, shouting, "Praise **God**!" He **fell** to the ground at Jesus' **feet**, **thanking** him for **what** he had done. This **man** was a Samaritan. Jesus **asked**, "Didn't I **heal** ten **men**? **Where** are the **other** **nine**? Has no one **returned** to **give** **glory** to God **except** this foreigner?" And Jesus said to the man, "Stand up and go. Your **faith** has healed you." (NLT)

```
L Y A C L C V X O M E N E T
A C H G R Z L V O X A V D R
D J S C E Y R E T U R N E D
H U T A H W I G A H S D K P
R D O O T S L N V N R K O E
N O L R O O R I G O S F O Y
M G T G R S L K B K A E L X
V R U Y A L O N C I C P D W
S T O W A R D A T N I N E O
N R M G I S B H A P E D J H
Z F E L L B E T W E E N H S
O L E P R O S Y V K L C W U
Z N R H E I P I S U I T X S
T N E W D L G A K L L E D E
S A H R J T D E H C A E R J
L U W I A L C V D S G F Y F
```

Solution on Page 320

MAKE ME TO KNOW YOUR WAYS
PSALMS 25:1–8

To you, O **LORD**, I **lift** up my **soul**. O my **God**, in you I **trust**; let me not be put to **shame**; let not my **enemies** **exult** over me. **Indeed**, **none** who wait for you shall be put to shame; they shall be ashamed who are wantonly treacherous. **Make** me to **know your** ways, O LORD; **teach** me your **paths**. **Lead** me in your truth and teach me, for you are the God of my salvation; for you I wait **all** the **day** **long**. **Remember** your **mercy**, O LORD, and your steadfast **love**, for they have been **from** of **old**. Remember not the **sins** of my youth or my transgressions; **according** to your steadfast love remember me, for the **sake** of your goodness, O LORD! Good and **upright** is the LORD; **therefore** he instructs sinners in the **way**. (ESV)

```
J K D K S M J S N E Y S A Q
D D W H E V O L H A Y W B K
R S T R I E J U D A E L Q O
O A C G M N W P W G M O M G
P Y L A E O R R N Z O E F Q
R B K K N N G I T X X J R S
V E A K E D D G Z U B H R Y
G S L X R R I H L O N G B R
H V A E O E G T I E A H N S
R T C C F B O N R G Q L N V
G E C X E M D B E U V I L E
X A F N R E O R Q S S F N G
J C O J E M R R O U D T H V
O H A D H E P U F L A S E Q
Q D J S T R L K O P L M D G
F J C C F G W O X Y Y F R M
```

Solution on Page 320

STOP DOUBTING
THE GOSPEL OF JOHN 20:26–30

A **week** **later** **Jesus'** **disciples** were **again** in the **house**, and Thomas was with them. **Even** though the **doors** were **locked**, Jesus stood **among** them and said, "Peace be with you!" Then Jesus said to Thomas, "Put **your** **finger** **here**, and **look** at my hands. **Take** your **hand**, and put it **into** my **side**. **Stop** **doubting**, and believe." Thomas **responded** to Jesus, "My **Lord** and my **God**!" Jesus said to Thomas, "You believe **because** you've **seen** me. **Blessed** are **those** who haven't seen me but believe." Jesus **performed** **many** other **miracles** that his disciples **saw**. Those miracles are not **written** in this **book**. But **these** miracles have been written so that you will believe that Jesus is the **Messiah**, the **Son** of God, and so that you will have **life** by believing in him. (GW)

```
C P Y H F C L Q X A B D K W
J X N E V A W K G E N Y D A
M L A R T A B A C A X O F M
A G M E S S I A H E G U I O
K X R I R N U C H F B R N N
B H D H P S O N T E A D G G
H E M D E K C O L C I E E N
S M D I R G N O L S Q S R E
J H X O F E N E C J E S U S
R O K O O B S I T E V E N O
V L W T R R P P T T S L G H
W R A H M L S O O B I B G T
E K S E E N S T K N U R C W
E F K S D Q N S O K D O W B
K L A E F I L H O U S E D J
E Q W N X D R O L O L G D R
```

Solution on Page 321

THE VALUE OF KNOWING CHRIST
PHILIPIANS 3:7–11

I once **thought** **these** **things** were valuable, but now I consider them **worthless** **because** of **what** **Christ** has done. **Yes**, everything **else** is worthless when **compared** with the **infinite** value of knowing Christ **Jesus** my **Lord**. For his **sake** I have **discarded** everything else, counting it **all** as **garbage**, so that I **could** **gain** Christ and **become** **one** with him. I no longer count on my **own** righteousness **through** **obeying** the **law**; rather, I become righteous through **faith** in Christ. For God's **way** of **making** us **right** with **himself** **depends** on faith. I want to know Christ and **experience** the **mighty** power that **raised** him **from** the **dead**. I want to **suffer** with him, **sharing** in his death, so that one way or another I will experience the resurrection from the dead! (NLT)

```
T R E F F U S W E S E H T K
H D E P T H R O U G H T M X
G V E S S H A R I N G N W T
U N E S U U C T S I R H C I
O R I Z I A E H O H A S F O
H E I Y J A C L M T D D W W
T E C N E I R E P X E N P M
U G I M F B U S B D R E L D
N A S R L I O S R R A P O S
G B E I E W N A L L P E R A
W R X G S M C I G C M D D K
L A W H M S O A T A O S D E
F G H T I A F C K E C U L D
L R F D H P W I E D Y S L D
S N O Z R J N A L B E E A D
S D P M I G H T Y A J J S U
```

Solution on Page 321

THE SCROLL WITH SEVEN SEALS
REVELATION 5:1–5

Then I **saw** in the **right hand** of him who was seated on the throne a **scroll written within** and on the **back**, sealed with **seven seals**. And I saw a **mighty angel** proclaiming with a **loud voice**, "Who is **worthy** to **open** the scroll and **break** its seals?" And no **one** in **heaven** or on **earth** or under the earth was **able** to open the scroll or to **look into** it, and I **began** to **weep** loudly because no one was **found** worthy to open the scroll or to look into it. And one of the **elders** said to me, "Weep no more; **behold**, the Lion of the **tribe** of **Judah**, the **Root** of **David**, has conquered, so that he **can** open the scroll and its seven seals." (ESV)

```
F Z V Q R K M V S D U Q U E
H A F T P R L L U S T I S T
A H W Y R T A O L G N S C K
W L A N G E L V O T J T M Y
I U S I S C D O O M R N I S
P T A H P A D A K I J A G I
H E A T V N K N B E C G H A
L W E I W F S E A H L E T Z
P I D W O C A O C H A B Y I
W O Y U R R Y P K V T U A K
S Q N O T I K E E D O N A F
A D L H H F T N L A O E B M
E L H A Y R L T D X R V N Q
X P D K D L O H E B E E I O
B U O C T H G I R N A S W U
J O S N Y E S N S Y H R V K
```

Solution on Page 321

JESUS EXPELS A DEMON
THE GOSPEL OF LUKE 4:31–36

And he **went down** to **Capernaum**, a **city** of Galilee. And he was **teaching** them on the **Sabbath**, and they were astonished at his teaching, for his **word possessed authority**. And in the **synagogue** there was a **man** who had the **spirit** of an **unclean** demon, and he **cried out** with a loud **voice**, "Ha! **What** have you to do with us, **Jesus** of **Nazareth**? Have you **come** to **destroy** us? I **know** who you are—the **Holy One** of God." But Jesus **rebuked** him, **saying**, "Be **silent** and come out of him!" And when the demon had **thrown** him down in **their midst**, he **came** out of him, **having** done him no **harm**. And they were **all** amazed and **said** to one another, "What is this word? For with authority and **power** he commands the unclean spirits, and they come out!" (ESV)

```
D M L E P C Y R R I E H T C
N R M L O T T D E S T R O Y
V A O M N H I E W B O A G X
C H E W G R R S O D U N H J
C R D L B O O S P J I K E W
P H L U C W H E T Y X R E B
K A T H J N T S A N T B T D
F Y I A I C U S K W E Y I O
I D D V B M A O T E A L R W
K S I I A B G P A N C O I N
G T A N A Z A R E T H H P S
Q C S G D J W S S R I U S T
I Y M D E U G O G A N Y S Y
E L T S I J D M N I G A K O
X T U I R M X L E K S S U P
P S W E C I O V N L T T E M
```

Solution on Page 321

CLOTHED IN WHITE ROBES
REVELATION 7:9–13

After this I **looked**, and **behold**, a **great** multitude that no **one** could **number**, **from** every nation, from **all** **tribes** and **peoples** and **languages**, **standing** **before** the throne and before the **Lamb**, clothed in **white** **robes**, with palm **branches** in **their** **hands**, and **crying** **out** with a loud **voice**, "Salvation belongs to our **God** who **sits** on the throne, and to the Lamb!" And all the **angels** were standing around the throne and around the **elders** and the four **living** **creatures**, and they **fell** on their **faces** before the throne and worshiped God, **saying**, "Amen! **Blessing** and **glory** and **wisdom** and thanksgiving and honor and **power** and **might** be to our God forever and **ever**! Amen." Then one of the elders **addressed** me, saying, "Who are these, clothed in white robes, and from **where** have they **come**?" (ESV)

```
F E N U M B E R E W O P P Y
T R Y B Z M O L X Q C O M E
R E J R I E H T D E K O O L
I H L A N G U A G E S R D L
B W B N D L O H E B R V S E
E H G C E D C R O B E S I F
S I N H K V R R O U T J W A
L T I E Y G E E Y Q F D H F
E E V S O J A R S I A I A U
G N I D N A T S S S N C N M
N O L M M S U E A I E G D I
A V B E F O R E Y S T D S G
L P E O P L E S I E F S T H
L A B L E S S I N G R E A T
F Q W Q Y R O L G V O I C E
H I Z S L Z D W L A M B K M
```

Solution on Page 322

FREED FROM THE POWER OF SIN
ROMANS 8:1–4

So now **there** is no condemnation for **those** who **belong** to **Christ** Jesus. And **because** you belong to him, the power of the life-**giving** **Spirit** has **freed** you from the power of **sin** that **leads** to death. The **law** of **Moses** was **unable** to **save** us because of the **weakness** of our sinful **nature**. So **God** **did** **what** the law **could** not do. He sent his **own** **Son** in a **body** like the bodies we sinners have. And in that body God declared an **end** to sin's **control** **over** us by giving his Son as a **sacrifice** for our sins. He did this so that the **just** requirement of the law **would** be **fully** **satisfied** for us, who no longer follow our sinful nature but **instead** follow the Spirit. (NLT)

U G J O J Y Y B R C N G C C
N W O C Y L N E L B A N U B
J J W D O L T I R I P S G B
T H O S E U V E S U O X G L
O B U E A F L J U S T I L U
P P L S L C N D W E V A S G
E T D O F A R E I C W D N E
I R D M C O A I G H D I D Z
L E E R O K N F F R V J T Z
F V G H N S I S N I E D M K
M O O E T T G I G S C E I W
H D S E R N Y T U T O E S M
Q S A W O W H A T H I R F Y
Q D O L L R C S G Y M F B A
A S E N L E A D S V R U G V
L B X U B B H D M P T R W H

Solution on Page 322

FOLLOW ME

THE GOSPEL OF LUKE 9:57–62

As they were **going** along the **road**, someone said to him, "I will follow you **wherever** you go." And **Jesus** said to him, "Foxes have **holes**, and **birds** of the **air** have **nests**, but the Son of **Man** has nowhere to **lay** his head." To another he said, "Follow me." But he said, "**Lord**, let me first go and **bury** my father." And Jesus said to him, "Leave the **dead** to bury **their** **own** dead. But as for you, go and proclaim the **kingdom** of God." Yet another said, "I will follow you, Lord, but let me first **say** **farewell** to **those** at my home." Jesus said to him, "No **one** who **puts** his **hand** to the plow and **looks** **back** is **fit** for the kingdom of God." (ESV)

```
M D Q G D E Z W V W N Y H R
J E S U S Y H T Y K F A Z N
L A M O D E N P J F H G H Q
L D H W R M L N L X O T F B
E T Q E I O L O G B L Y J Y
W M V M B D R O H A B O K V
E E O S A D I W O C U J S C
R Y A D W N T N O K S T U P
A V Q O G Q H N U B S A Y A
F I T Q E N E Y D E U U W G
S F B X N Y I Y N A J Y A B
I Y R Z A O R K A C O V G X
Y Z N R U Y I U H L J R G N
Q P M O D G A L B L L C K P
W U D P P W O N R H D S T F
I B T K S L Z R M U T T G I
```

Solution on Page 322

A DIFFERENT GOSPEL

GALATIANS 1:6–10

I am astonished that you are so **quickly deserting** him who **called** you in the **grace** of **Christ** and are **turning** to a **different** gospel—not that **there** is another **one**, but there are **some** who **trouble** you and **want** to **distort** the gospel of Christ. But **even** if we or an **angel from heaven should preach** to you a gospel contrary to the one we preached to you, let him be **accursed**. As we have said **before**, so now I **say again**: If anyone is preaching to you a gospel contrary to the one you **received**, let him be accursed. For am I now **seeking** the **approval** of **man**, or of **God**? Or am I **trying** to **please** man? If I were **still** trying to please man, I **would** not be a **servant** of Christ. (ESV)

```
N I A G A P P R O V A L O T
T A R E C E I V E D T J G N
T E M P C J W X B E R T D A
D H D L U O H S O L O U E W
Y P E P R A W D I L U R S O
W J W R S Q N O C A B N E U
K P Z T E U P G R C L I R L
D N I W D I F F E R E N T D
X L E B K C U S Q L E G I N
L S S E E K I N G V D S N C
J Y A F N L Q N A R T A G H
H P E O M Y I E N O A Y I R
Z L L R O Y H P R E A C H I
V S P E R W G T N A V R E S
F Q P T F Y B B S O M E D T
O G Y U I X P L V Q Y C N C
```

Solution on Page 322

THE BLESSING OF THE LORD
GENESIS 39:2–4

Now **Joseph** had been **brought down** to **Egypt**, and **Potiphar**, an **officer** of **Pharaoh**, the **captain** of the **guard**, an Egyptian, had **bought** him **from** the Ishmaelites who had brought him down **there**. The **Lord** was with Joseph, and he **became** a successful **man**, and he was in the **house** of his Egyptian master. His master **saw** that the Lord was with him and that the Lord **caused all** that he **did** to **succeed** in his **hands**. So Joseph **found favor** in his **sight** and **attended** him, and he made him overseer of his house and put him in **charge** of all that he had. From the **time** that he made him overseer in his house and **over** all that he had, the Lord **blessed** the Egyptian's house for Joseph's sake; the blessing of the Lord was on all that he had, in house and **field**. (ESV)

```
W L O B R O U G H T I R U J
W J H S A W T S D I D E C A
F C O L H E H D E D R A U G
Q M A L P Y G F S S P E S O
A R R T I O I R U T M M F A
U Q A H T V S T A A X F A W
L X H G O E D I C H I K B F
T T P U P R N E K C C Y I P
V N P O M T B D E S S E L B
F B W B A L L R E C L H C A
P M Y H N F O U N D C O J M
F J H E T V R H W P F U O H
Z M V H A N D S O D G S S M
B O E F M R E C D Z F E E T
J R H S R I T I M E G Y P T
E F E Y S C L K Z W R M H O
```

Solution on Page 323

HAIL STORM

EXODUS 9:22–25

Then the **LORD** **said** to **Moses**, "Stretch **out** your **hand** **toward** heaven, so that **there** may be **hail** in **all** the **land** of **Egypt**, on **man** and **beast** and every plant of the **field**, in the land of Egypt." Then Moses stretched out his **staff** toward heaven, and the LORD **sent** **thunder** and hail, and **fire** **ran** **down** to the **earth**. And the LORD rained hail **upon** the land of Egypt. There was hail and fire **flashing** continually in the **midst** of the hail, **very** **heavy** hail, **such** as had never been in all the land of Egypt **since** it **became** a **nation**. The hail **struck** down everything that was in the field in all the land of Egypt, **both** man and beast. And the hail struck down every plant of the field and **broke** every **tree** of the field. (ESV)

```
J X D J J S G G E S U C H P
Q Y G G Y P B Y V E R Y B R
V E E X D L T Y S N R E Y R
Z K Z N G K C U R T S T Z J
U Q J P O J N T O H A L L A
F C S C B N N Y W U A F J B
J N S F L A S H I N G N F O
G U E F T R D M I D S T D H
U P S I K N I T T E A R T H
H O O E A T U S M R C P Z H
G N M L T O W A R D F N F Q
L S I D H L C E G Y P T I T
M A N F O E C B R O K E R S
H I Z R B W A H I E D E E U
Z D D O K X N V A Y H T O B
Z E Q H A N F A Y C R T F O
```

Solution on Page 323

A RIB MADE INTO A WOMAN
GENESIS 2:19–22

Now **out** of the ground the LORD God had formed **every** **beast** of the field and every **bird** of the **heavens** and brought them to the **man** to **see** **what** he would call them. And whatever the man called every **living** **creature**, that was its name. The man **gave** **names** to **all** **livestock** and to the birds of the heavens and to every beast of the field. But for Adam there was not found a **helper** **fit** for him. So the LORD God caused a deep **sleep** to fall upon the man, and **while** he slept **took** **one** of his ribs and closed up its **place** with flesh. And the **rib** that the LORD God had **taken** **from** the man he made into a woman and brought her to the man. (ESV)

```
T S F A M C F T Y W I Y L P
P Z E A H A S H L I V I N G
G O S E M A N S N E V A E H
O B C R E A T U R E N O E H
O R I B T A F Y S J V L N I
X U C D H U R T P F P E D E R
R K J W E J O O Z E K C R O
F U K E W C M O R A E A I Y
X G P K K T A K T L V L B J
E X I B D C K Y I L A P S W
P N B E T T O H F A G F V Y
D N Y D K H W K Q O E Q K I
C M T X X Y B M G K P Z D L
D B A S B B B Y J O E T S O
H N E C F B K S L Z W G E V
N V S N V C E W P W P S X U
```

Solution on Page 323

THE RIGHTEOUS ESCAPE

PROVERBS 29:6–14

Evil **people** are trapped by **sin**, but the righteous escape, shouting for **joy**. The **godly** care **about** the **rights** of the **poor**; the **wicked** don't care at **all**. **Mockers** **can** get a whole **town** agitated, but the **wise** will calm **anger**. If a wise **person** **takes** a **fool** to **court**, there will be ranting and ridicule but no satisfaction. The bloodthirsty **hate** blameless people, but the upright **seek** to **help** them. Fools **vent** **their** anger, but the wise **quietly** **hold** it **back**. If a **ruler** **pays** attention to **liars**, all his advisers will be wicked. The poor and the oppressor have this in common—the **LORD** **gives** sight to the **eyes** of **both**. If a **king** **judges** the poor **fairly**, his **throne** will **last** **forever**. (NLT)

```
M L X L E E V Q T A A R M E
V P O O R F U R L Y M W F Y
R E Y R F I E L P O E P G S
X D N D E D E K C I W T P E
Y B O T H V J K Z X R A A E
L P L E H S E G D U J K Y K
D Y O J T R N R O F R E S I
O F A H S A O C O I S S I L
G L G N I K R J E F C R N J
W I S E G U H H A T T K F W
R A V Y L E T I Q U A O F R
M R O E P E R S O N R H W D
K S R V S L L B A C K C V N
D O E I Y O A D S O I R K A
J H O L D O S R L R L N I C
P K N N O F T Z E L G I B G
```

Solution on Page 323

JESUS CRIED OUT

THE GOSPEL OF MARK 15:33–39

At **noon** darkness **came** **over** the **whole** **land** **until** **three** in the afternoon. At three o'clock **Jesus** **cried** **out** in a loud **voice**, "**Eloi**, Eloi, lema sabachthani?" **which** **means**, "My **God**, my God, why have you abandoned me?" When some of the **people** standing **there** **heard** him say that, they said, "Listen! He's **calling** **Elijah**." Someone **ran** and soaked a **sponge** in vinegar. Then he put it on a **stick** and offered Jesus a **drink**. The **man** said, "Let's **see** if Elijah **comes** to **take** him down." Then Jesus cried out in a loud voice and **died**. The **curtain** in the **temple** was **split** in **two** **from** **top** to bottom. When the officer who stood **facing** Jesus **saw** how he **gave** up his **spirit**, he said, "Certainly, this man was the **Son** of God!" (GW)

```
G S H Z M B S G O D K I Y K
A J O M D J L U O V O I C E
C U V N D I C J Z U E I X V
M G A V E E S H E P T R U D
R L S P I G P A E S P L I T
H O G P D E N J N L U D J A
G Z N L O R T I R I P S L K
R Y I P M N A L C E X M D E
Q S L C O T G E R A N P E V
C E L H R K H E H S F A I T
H M A U F C H M E K N I R D
R O C L I T N U M R N A C B
S C W H O L E N A M H M E M
S A W T H M E L C B L T N M
D U A A T L N O O N D O P R
I V H T I Q X Q H I V P W F
```

Solution on Page 324

YOUR FATHER KNOWS WHAT YOU NEED
THE GOSPEL OF MATTHEW 6:6–13

But when you **pray**, go **into** **your** **room** and **shut** the **door** and pray to your Father who is in **secret**. And your Father who **sees** in secret will **reward** you. And when you pray, do not **heap** up **empty** phrases as the **Gentiles** do, for they **think** that they will be heard for **their** **many** **words**. Do not be like them, for your Father **knows** **what** you **need** **before** you **ask** him. Pray then like this: Our Father in heaven, **hallowed** be your **name**. Your **kingdom** **come**, your will be **done**, on **earth** as it is in heaven. **Give** us this **day** our daily **bread**, and forgive us our **debts**, as we **also** have forgiven our debtors. And **lead** us not into temptation, but **deliver** us **from** **evil**. (ESV)

```
R I F G X R Y A K G A C C Y
I M P T C O K N O W S D Z I
C O M E U D E R O F E B T S
Y R D R A W E R T W L N H N
V F M C P R F L O K I U G E
J F J E D E I L I Y T P M E
E B A S K V L N V V V N D M D
X K A D E A G E B R E A D L
B W W P H D J H A B G R M O
Z H O T O H Y L T D I I A S
V O R M S Q U S H E A P V E
X A D D L K N I H T M J Y E
E Y S O A B N T A H W A M S
Y I A O N T G X K A D J N J
M O O R O E Z X O E P J K N
R X X S P W R A N R K U W F
```

Solution on Page 324

CONSIDER JOB

JOB 1:6–11

One **day** when the sons of **God** **came** to **stand** in front of the **LORD**, **Satan** the **Accuser** came along with them. The LORD **asked** Satan, "Where have you **come** **from**?" Satan **answered** the LORD, "From **wandering** **all** **over** the earth." The LORD asked Satan, "Have you thought about my **servant** **Job**? No one in the **world** is like him! He is a **man** of **integrity**: He is **decent**, he fears God, and he stays **away** from evil." Satan answered the LORD, "Haven't you **given** Job a reason to **fear** God? Haven't you put a **protective** **fence** around him, his **home**, and **everything** he has? You have **blessed** everything he does. His **cattle** have **spread** **out** over the **land**. But now **stretch** out your **hand**, and **strike** everything he has. I **bet** he'll **curse** you to your face." (GW)

```
Z J G D V N R S F M J A C J
C U R S E D X E N O N K T O
D Y D A E R P S V L U G C R
N A M K L R P R G O D T V W
G W S W T S V I Y R G Q H K
Y A D O T Y Z A G D N A H E
V O O R A Y D A N F I P C M
N M I L C T R N I T R N U O
D K L D E I E S H O E O O H
E G D F J R A W T F D Q M B
D R I N H G C E Y I N N E C
N E W V A E C R R S A T A N
I H C J E T U E E N W M F L
D D O E I N S D V F E A R S
H B M V N I E D E S S E L B
K U E Y S T R E T C H K I D
```

Solution on Page 324

KNOW THE TRUTH

1 JOHN 2:20–25

But ye have an unction **from** the **Holy One**, and ye **know all things**. I have not **written unto** you **because** ye know not the **truth**, but because ye know it, and that no **lie** is of the truth. Who is a liar but he that **denieth** that **Jesus** is the **Christ**? He is antichrist, that denieth the **Father** and the Son. Whosoever denieth the Son, the **same hath** not the Father: he that acknowledgeth the Son hath the Father also. Let that **therefore abide** in you, **which** ye have **heard** from the **beginning**. If that which ye have heard from the beginning shall **remain** in you, ye also shall continue in the Son, and in the Father. And this is the **promise** that he hath promised us, **even** eternal life. (KJV)

```
H O F B K U J C B A Z R S F
F E R O F E R E H T B H U L
U T F W N R G S A B I D E C
N Q W O C I V U I M E V E N
P P U R N J H A M N S M M E
C O M N I E J C I C U B E Z
O T I K L T E E A H S S V L
S N D Y O V T B S R E I H Y
G U H W Q H N E E I J A I W
N E Q M F Q N P N S M Z R W
I Y X X D U T I H T Z O G D
H C I H W H E F A T H E R E
T H Z O S W R I L M A O I P
M P O J A O C C L O E H L G
C P H K M N H L H T U R T Y
A A T Z E K D A Q W X Q X P
```

Solution on Page 324

GOD BLESSES JUDAH
JOEL 3:17–21

"So you shall **know** that I am the **LORD** **your** **God**, who **dwells** in **Zion**, my **holy** **mountain**. And Jerusalem shall be holy, and strangers shall **never** **again** **pass** **through** it. And in that **day** the mountains shall **drip** **sweet** **wine**, and the **hills** shall **flow** with **milk**, and **all** the streambeds of Judah shall flow with **water**; and a **fountain** shall **come** **forth** **from** the **house** of the LORD and water the Valley of **Shittim**. Egypt shall become a desolation and **Edom** a **desolate** wilderness, for the **violence** **done** to the **people** of Judah, **because** they have **shed** **innocent** **blood** in **their** **land**. But Judah shall be **inhabited** forever, and Jerusalem to all generations. I will **avenge** their blood, blood I have not avenged, for the LORD dwells in Zion." (ESV)

```
M I L K H Q P H O U S E R M
Y K O E T H R O U G H S C N
C E R Q I B W M F B I W D V
C R D L D E S O L A T E A Y
B W L O L C H R O N T E G K
R S O P M A E F W I I T A H
U L O N N U D I B A M Q I T
B E X S K S N A R T J M N R
P H O L Y E H R R N O E E O
V I O L E N C E U U C D V F
W T H E I R G T N O P O E I
J U J W E N J T N F Y N R B
I L Z D E P A N C O M E Y R
O Y J V A I I O V G T N U U
L L A S N R P I L A N D A Y
P Y S G O D T Z W B W J I C
```

Solution on Page 325

BE PATIENT

JAMES 5:7–11

Be **patient**, **therefore**, **brothers**, **until** the **coming** of the **Lord**. **See** how the **farmer waits** for the **precious fruit** of the earth, **being** patient **about** it, until it **receives** the **early** and the **late rains**. You **also**, be patient. **Establish your** hearts, for the coming of the Lord is at **hand**. Do not **grumble against one another**, brothers, so that you **may** not be judged; **behold**, the **Judge** is **standing** at the **door**. As an **example** of **suffering** and patience, brothers, **take** the **prophets** who **spoke** in the **name** of the Lord. Behold, we consider those blessed who remained **steadfast**. You have heard of the steadfastness of **Job**, and you have seen the purpose of the Lord, how the Lord is compassionate and **merciful**. (ESV)

```
S A Y B E H O L D H U A R H
K T A K E G D U J N L E E S
T E S N I A R F T S T B C U
Q Y K P R E C I O U S W E A
B O J O H T L C N Y N S I E
E U U T P T H R E L I N V N
X R O U Y S Y E D R A A E G
T N E I T A P M R A G R S B
A O B M M F B S O E A U M R
E T A L R D T O L I F D E O
L E L P M A X E U F R O R T
B E S T N E F D E T U O R H
M E T D E T W R N T I R M E
U F I M H S I L B A T S E R
R N A N B N P R O P H E T S
G N W W G N I M O C E R W U
```

Solution on Page 325

ALL IS YOURS

1 CHRONICLES 29:11–15

Yours, O **LORD**, is the greatness and the power and the glory and the **victory** and the **majesty**, for **all** that is in the heavens and in the **earth** is yours. Yours is the **kingdom**, O LORD, and you are exalted as **head** above all. **Both riches** and **honor come from** you, and you **rule over** all. In **your hand** are power and **might**, and in your hand it is to **make great** and to **give strength** to all. And now we thank you, our **God**, and **praise** your glorious **name**. But who am I, and **what** is my **people**, that we **should** be **able** thus to **offer willingly**? For all **things** come from you, and of your **own** have we given you. For we are **strangers before** you and **sojourners**, as all our **fathers** were. (ESV)

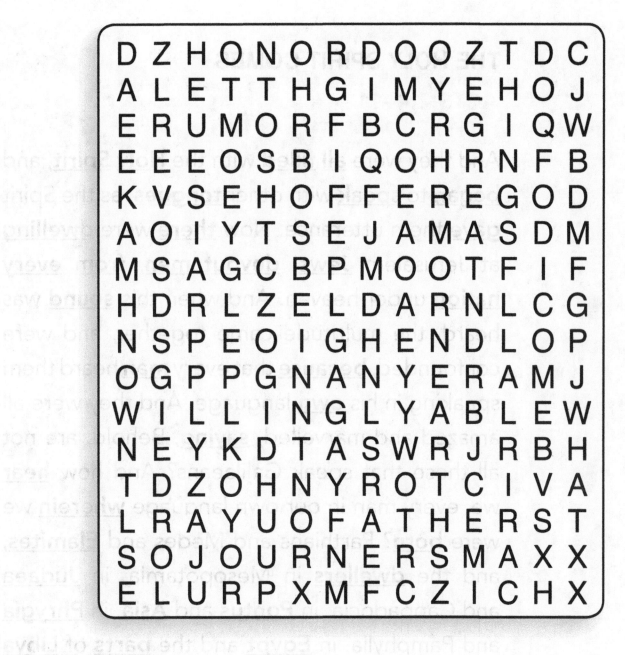

```
D Z H O N O R D O O Z T D C
A L E T T H G I M Y E H O J
E R U M O R F B C R G I Q W
E E E O S B I Q O H R N F B
K V S E H O F F E R E G O D
A O I Y T S E J A M A S D M
M S A G C B P M O O T F I F
H D R L Z E L D A R N L C G
N S P E O I G H E N D L O P
O G P P G N A N Y E R A M J
W I L L I N G L Y A B L E W
N E Y K D T A S W R J R B H
T D Z O H N Y R O T C I V A
L R A Y U O F A T H E R S T
S O J O U R N E R S M A X X
E L U R P X M F C Z I C H X
```

Solution on Page 325

THE HOLY SPIRIT COMES
ACTS 2:4–11

And they were **all** **filled** with the **Holy** **Spirit**, and **began** to **speak** with other **tongues**, as the Spirit **gave** them utterance. Now **there** were **dwelling** at Jerusalem **Jews**, **devout** **men**, **from** **every** **nation** under heaven. And when this **sound** was heard, the multitude came together, and were confounded, **because** that every **man** heard them speaking in his **own** language. And they were all amazed and marvelled, **saying**, Behold, are not all these that speak Galilaeans? And how **hear** we, every man in our own language **wherein** we were **born**? Parthians and Medes and **Elamites**, and the **dwellers** in Mesopotamia, in **Judaea** and Cappadocia, in **Pontus** and **Asia**, in **Phrygia** and Pamphylia, in **Egypt** and the **parts** of **Libya** **about** **Cyrene**, and sojourners from Rome, **both** Jews and proselytes, Cretans and **Arabians**, we hear them speaking in our tongues the **mighty** **works** of **God**. (ASV)

```
M R P Q V X M H P P P W N B O
Y U W E S U A C E B M E N H
P H R Y G I A L C S G S E W
X T T N S N A I B A R A E N
R P U O F M I B N E R U I S
W A O I I M O L L Y O E A V
U R V T L S I L L B R Y G C
I T E A L A E G R E I E Y K
G S D N E W G U H N W R V O
F O B A D A Y W G T E D N E
G R D O Y O P L D N Y X S S
C U O L T B T L E U O O U P
J J O M N H I A B O U T G I
E H L R E Q I L W N N A M R
W W O R K S H N D O V K P I
S B E Z A H Y S P E A K E T
```

Solution on Page 325

HAVE NO FEAR

THE GOSPEL OF MATTHEW 10:26–33

"So have no **fear** of them, for **nothing** is **covered** that will not be revealed, or hidden that will not be known. **What** I **tell** you in the **dark**, **say** in the **light**, and what you hear **whispered**, **proclaim** on the housetops. And do not fear **those** who **kill** the **body** but cannot kill the **soul**. **Rather** fear him who **can destroy both** soul and body in hell. Are not **two sparrows sold** for a penny? And not **one** of them will fall to the **ground apart from your Father**. But even the **hairs** of your **head** are **all** numbered. Fear not, therefore; you are of more value than **many** sparrows. So everyone who acknowledges me **before men**, I also will acknowledge before my Father who is in heaven, but whoever denies me before men, I also will **deny** before my Father who is in heaven." (ESV)

O T G S O U L J Z F A N O X
M A N Y O Y S C R H C K K O
V W I P Y L D Y B S Z W F I
T A H W T A D O V B O G N N
W V T I R E Q S B N Z R O O
X O O K S A Y P E G Q A W A
D Y N T Q P D A F R A E F M
E F R O M R E R O O Z M E O
N O E Y O O R R R U E X R Z
Y A H W H C E O E N C N P F
O R T E L L V W U D K N A E
U B A F A A O S A C I L A C
R D F T H I C L R X L B D X
K G K F H M T H G I L O H A
S P X F T E S O H T A T E Y
Q P A X D T R A P A J H B K

Solution on Page 326

BEWARE FALSE WISDOM

COLOSSIANS 2:18–23

Let no **one** disqualify you, insisting on asceticism and worship of **angels**, going on in **detail about** visions, **puffed** up **without** reason by his **sensuous mind**, and not **holding fast** to the **Head**, **from whom** the whole **body**, nourished and **knit** together **through** its **joints** and **ligaments**, **grows** with a growth that is from **God**. If with **Christ** you **died** to the elemental **spirits** of the **world**, why, as if you were **still** alive in the world, do you **submit** to regulations—"Do not **handle**, Do not **taste**, Do not **touch**" (referring to **things** that **all perish** as they are used)—according to **human precepts** and teachings? **These** have **indeed** an appearance of **wisdom** in promoting self-made religion and asceticism and **severity** to the body, but they are of no value in **stopping** the indulgence of the **flesh**. (ESV)

110

```
X N P W I S D O M S U S M B
F A S T G S G Q U H C U O T
R M G N I P P O T S H A H H
O U I C Q D U I V P R G W G
M H F L E S H V R L I R Y U
T I N K N T A E S I S O M O
H F G E S N C U U A T W S R
E L S T G E B D D T D S J H
S S I E P M V E M E I Q O T
E L L T I A Q E O D E L U P
L S S T B G X D R J D O H D
O L B T O I B N O I H C E L
M H A N D L E I N T T F A R
B F E I Y O N G I F F Y D O
B E T S A T G W T U O B A W
O B A H S I R E P M I N D L
```

PAUL SPEAKS IN EPHESUS
ACTS 19:1–7

And it **happened** that **while Apollos** was at **Corinth**, **Paul passed through** the **inland country** and came to **Ephesus**. **There** he **found** some **disciples**. And he **said** to them, "Did you **receive** the **Holy Spirit** when you believed?" And they said, "No, we have not **even heard** that there is a Holy Spirit." And he said, "Into **what** then were you baptized?" They said, "Into John's **baptism**." And Paul said, "John baptized with the baptism of **repentance**, **telling** the **people** to believe in the **one** who was to come **after** him, that is, **Jesus**." On hearing this, they were baptized in the name of the **Lord** Jesus. And when Paul had **laid** his **hands** on them, the Holy Spirit came on them, and they **began speaking** in tongues and prophesying. There were **about twelve men** in **all**. (ESV)

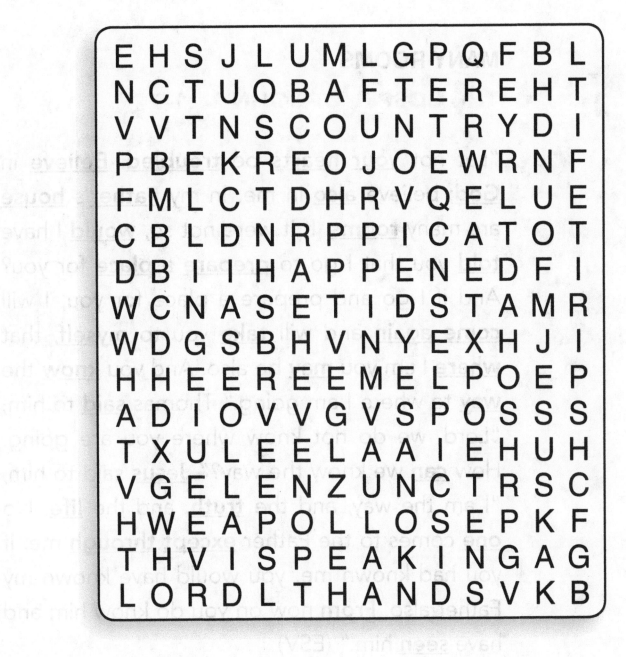

```
E H S J L U M L G P Q F B L
N C T U O B A F T E R E H T
V V T N S C O U N T R Y D I
P B E K R E O J O E W R N F
F M L C T D H R V Q E L U E
C B L D N R P P I C A T O T
D B I I H A P P E N E D F I
W C N A S E T I D S T A M R
W D G S B H V N Y E X H J I
H H E E R E E M E L P O E P
A D I O V V G V S P O S S S
T X U L E E L A A I E H U H
V G E L E N Z U N C T R S C
H W E A P O L L O S E P K F
T H V I S P E A K I N G A G
L O R D L T H A N D S V K B
```

Solution on Page 326

MANY ROOMS

THE GOSPEL OF JOHN 14:1–7

"Let not **your** **hearts** be **troubled**. **Believe** in **God**; believe **also** in me. In my **Father**'s **house** are many **rooms**. If it were not so, **would** I have **told** you that I go to **prepare** a **place** for you? And if I go and prepare a place for you, I will **come** **again** and will **take** you to **myself**, that **where** I am you **may** be also. And you **know** the **way** to where I am going." Thomas **said** to him, "Lord, we do not know where you are going. How **can** we know the way?" **Jesus** said to him, "I am the way, and the **truth**, and the **life**. No **one** comes to the Father **except** **through** me. If you had known me, you would have known my Father also. **From** now on you do know him and have **seen** him." (ESV)

```
E D X Y Y I D L O T R U T H
B B W B L N U M L I N Y E Y
W O K U T H E R E H T A F G
X I J D J F E T E H R M C S
J L D S O T B R R T Q I N U
I E N I A G A O S N H B G S
V P F K V P U U T P E C X E
I B E Z E G N B P L S E F J
Q W J R H M J L I N U R S M
H F P O C Y P E R O O M S V
I M F N L S V D G M H S J J
R C Q E R E H W L T Z J L G
N O S U C L S A X U E P K A
S B O A D F I Y E M O C Q J
M Y L C I V P F K N O W K E
G P G T S D X G E E Z W M Y
```

Solution on Page 326

YOU WILL DENY ME
THE GOSPEL OF MATTHEW 26:30–35

And when they had **sung** a hymn, they **went out** to the Mount of Olives. Then **Jesus said** to them, "You will **all** fall **away because** of me this **night**. For it is **written**, 'I will strike the shepherd, and the **sheep** of the **flock** will be scattered.' But **after** I am **raised** up, I will go **before** you to Galilee." Peter **answered** him, "Though they all fall away because of you, I will never fall away." Jesus said to him, "Truly, I **tell** you, this **very** night, before the **rooster crows**, you will **deny** me **three** times." Peter said to him, "Even if I **must die** with you, I will not deny you!" And all the disciples said the **same**. (ESV)

I S E J W T H Q E E R H T Z
C Z V D E R E W S N A K P X
L T H L H K Z U W M I E V I
N T L Y I P A R I C S G I W
F B O B R C I T S N R A H M
O F I U E T S N H X F W I T
O Z H B T F W V E T M A U D
M B K E S A O N E R Y Y F R
O L N C O H R R P R T Y P W
K U T H O H C J E S U S E D
C P M K R L J V P W G N U S
Y J S J L A F G F Q T M I M
L D I A V N I J K W Q Y D T
A N R S G I D S A M E S V U
I I F O R K Y N E D M A C H
T P O Q B M W Y Y D I E Y H

Solution on Page 327

WHAT GOD HAS DONE
ECCLESIASTES 3:10–14

I have seen the **travail**, **which** **God** **hath** given to the **sons** of men to be exercised in it. He hath made every **thing** beautiful in his **time**: also he hath **set** the world in **their** heart, so that no **man** **can** **find** **out** the **work** that God maketh **from** the **beginning** to the **end**. I know that there is no good in them, but for a man to **rejoice**, and to do good in his **life**. And also that every man should **eat** and **drink**, and enjoy the good of **all** his labour, it is the **gift** of God. I know that, whatsoever God **doeth**, it shall be for **ever**: nothing can be put to it, **nor** any thing taken from it: and God doeth it, that men should fear **before** him. (KJV)

T W X B Y M C D G I F H T Y
J R E V E U A V K Q A S G L
R N R T L G N I H T E A T G
J H Z G D N I F F R O M U T
A C V A F V S N O S L Z O S
X N S P T L K F N D O L X D
A K H D L R E J O I C E N Z
T Q V A O B A E Z K N I R D
O I E W T G T V P D Z G Y P
H P P Q J H N R A G L P Q P
L R H T E U E W H I C H B G
S I H I O N M K F F L R E E
N O R M S O P E F T R P H Z
U S M E A W L H N V Y X W X
V C T C X N Q N S D O P R T
B Q N M P P M S Z R N P U L

Solution on Page 327

PRAISE THE LORD

PSALMS 148:1–12

Praise the **LORD**! Praise the LORD from the **heavens**; praise him in the **heights**! Praise him, **all** his **angels**; praise him, all his hosts! Praise him, **sun** and **moon**, praise him, all you **shining stars**! Praise him, you highest heavens, and you waters **above** the heavens! Let them praise the name of the LORD! For he **commanded** and they were **created**. And he established them forever and **ever**; he gave a **decree**, and it shall not pass **away**. Praise the LORD from the **earth**, you great **sea** creatures and all **deeps**, fire and hail, snow and **mist**, stormy wind fulfilling his **word**! Mountains and all **hills**, fruit **trees** and all cedars! Beasts and all **livestock**, creeping **things** and flying **birds**! Kings of the earth and all **peoples**, princes and all **rulers** of the earth! Young **men** and **maidens together**, old men and children! (ESV)

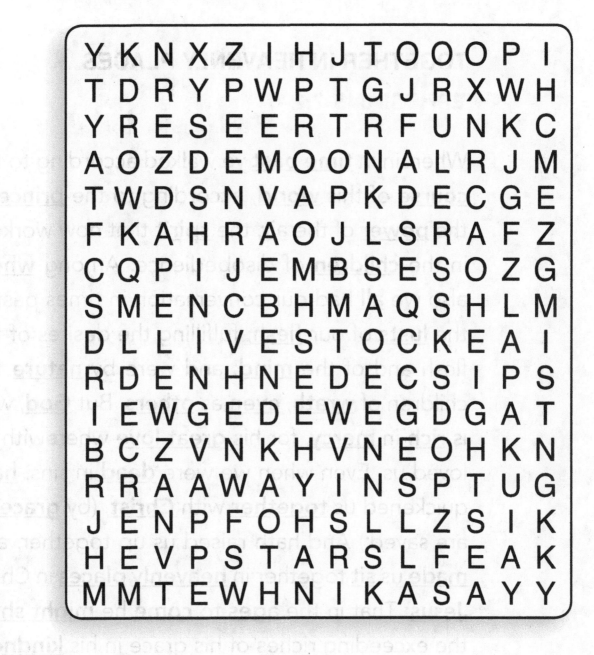

```
Y K N X Z I H J T O O O P I
T D R Y P W P T G J R X W H
Y R E S E E R T R F U N K C
A O Z D E M O O N A L R J M
T W D S N V A P K D E C G E
F K A H R A O J L S R A F Z
C Q P I J E M B S E S O Z G
S M E N C B H M A Q S H L M
D L L I V E S T O C K E A I
R D E N H N E D E C S I P S
I E W G E D E W E G D G A T
B C Z V N K H V N E O H K N
R R A A W A Y I N S P T U G
J E N P F O H S L L Z S I K
H E V P S T A R S L F E A K
M M T E W H N I K A S A Y Y
```

Solution on Page 327

TOGETHER IN HEAVENLY PLACES
EPHESIANS 2:2–7

Wherein in **time** **past** ye walked according to the **course** of this **world**, according to the **prince** of the **power** of the **air**, the **spirit** that now worketh in the **children** of disobedience: Among **whom** also we **all** had our conversation in times past in the **lusts** of our **flesh**, fulfilling the desires of the flesh and of the **mind**; and were by **nature** the children of **wrath**, **even** as **others**. But **God**, who is **rich** in **mercy**, for his **great** **love** wherewith he loved us, Even when we were **dead** in sins, **hath** quickened us **together** with **Christ**, (by **grace** ye are saved;) And hath raised us up together, and **made** us **sit** together in **heavenly** **places** in Christ **Jesus**: That in the **ages** to **come** he **might** **shew** the exceeding riches of his grace in his **kindness** **toward** us **through** Christ Jesus. (KJV)

```
H R N D H S E L F Y T N B T
A M S K L S R X C S Q A I R
M X H T A R W E I O T T F P
H G T H G U O R H T U U Q L
V Y J R M O H W E T D R U A
L E S S S C B E A D O E S C
G O A I C C Q C V E G H Y E
P U V H T A H N E A V T U S
C O M E L R K I N D N E S S
H P I L I R D R L G P G N P
W G G C Q M P P Y D G O Z I
G S H Y I P A S T R R T Q R
J P T N C G A D A A E E E I
B M D S E R I C E W L W N T
W E H S U S E J R O B L O U
V S C A S L W M G T I M E P
```

Solution on Page 327

TEST OF FAITH

JAMES 1:2–7

My **brothers** and **sisters**, be very **happy** when you are **tested** in different **ways**. You **know** that **such** testing of **your** **faith** produces endurance. **Endure** **until** your testing is **over**. Then you will be **mature** and **complete**, and you won't **need** anything. If any of you needs **wisdom** to know **what** you **should** do, you should **ask** **God**, and he will **give** it to you. God is generous to everyone and doesn't **find** **fault** with them. When you ask for something, don't have any **doubts**. A **person** who has doubts is like a **wave** that is **blown** by the **wind** and tossed by the **sea**. A person who has doubts shouldn't **expect** to **receive** anything **from** the **Lord**. A person who has doubts is thinking **about** **two** different **things** at the **same** **time** and can't **make** up his **mind** about anything. (GW)

```
F I K X H U S Q R U O Y U B
T V Y C A K Y K M V F R O M
D O U B T S A N E A H Y V C
R S O G R A W R U U W D O M
R U S V O O U L E Q N M A A
T Z K G L D T H L I P T J K
W P R B N N T H F L U E I E
E Y E E V I E C E R Y S N L
H V M R A N H T E R G T N O
Y Y A F S R E T S I S E O R
W I S W O O C W V H E D A D
A S I D L E N E O D F N W T
S R Y P P A H U E N M I I A
S S P X Q T L T B P K M N H
I V E M O D S I W K E W D W
J U X A A H L S U O J H P P
```

Solution on Page 328

STAFFS INTO SNAKES

EXODUS 7:8–13

Then the **Lord** said to **Moses** and **Aaron**, "When **Pharaoh** says to you, 'Prove yourselves by **working** a miracle,' then you **shall** **say** to Aaron, 'Take **your** **staff** and **cast** it **down** **before** Pharaoh, that it may become a **serpent**.'" So Moses and Aaron **went** to Pharaoh and **did** **just** as the Lord commanded. Aaron cast down his staff before Pharaoh and his **servants**, and it became a serpent. Then Pharaoh **summoned** the **wise** **men** and the **sorcerers**, and they, the magicians of **Egypt**, **also** did the same by **their** **secret** **arts**. For **each** **man** cast down his staff, and they became serpents. But Aaron's staff **swallowed** up their staffs. Still Pharaoh's heart was **hardened**, and he **would** not **listen** to them, as the Lord had said. (ESV)

```
D E I M J R A O G F A L C I
I S I G A D E N O M M U S V
D A B T H E I R E A P W R I
T L N M S K O A J R A I E Z
Y E U N R T C L I L R S R E
W R U O Y H L S L E E E E U
E X W R W H H O V R G J C C
H W L A D O W N V J Y U R Y
U U G A A E B A I K P S O C
Y H A R D E N E D V T T S S
O Q A S F T N E P R E S T J
T H I O S A C Z T R O R A Y
P I R P M E N A C S A L F Y
S E A D M O S E S D I X F M
P Y L L A H S Y H T E L I F
I O F S P U Z M H X U O A T
```

Solution on Page 328

PAUL AND SILAS AND THE JAILER
ACTS 16:25–31

Around midnight **Paul** and **Silas** were praying and singing **hymns** to **God**, and the other prisoners were listening. Suddenly, there was a **massive** earthquake, and the **prison** was **shaken** to its foundations. **All** the **doors** immediately **flew open**, and the **chains** of **every** prisoner **fell off**! The **jailer woke** up to **see** the prison doors **wide** open. He **assumed** the prisoners had **escaped**, so he **drew** his **sword** to **kill** himself. But Paul shouted to him, "**Stop**! Don't kill yourself! We are all **here**!" The jailer called for **lights** and **ran** to the **dungeon** and fell **down** trembling **before** Paul and Silas. Then he brought them **out** and **asked**, "**Sirs**, **what must** I do to be **saved**?" They **replied**, "Believe in the **Lord Jesus** and you will be saved, along with everyone in your household." (NLT)

```
P Y H E R E S C S S P T E H
X U M X R V V L N W X Y Y J
Y F M S W J L I N U O M T A
T X S A T E A A S F N R N I
G S Z V F H R D A S K E D L
E T A E C N G D E P A C S E
M I W D P V U I P I X M H R
Z G I O R N K I L L L H N D
R I D G G O V N E P O P O O
E Q E E C U L E M E K W E O
T W O R M T N K V U N F E R
Z N E O P U O A J E S U S S
E O F F W C S H L R R T C A
K G L E H V I S I L N Y M A
O E L B A W R S A L I S T U
W I P S T O P A U L X N D C
```

Solution on Page 328

I WILL GIVE YOU REST
THE GOSPEL OF MATTHEW 11:25–30

At that **time Jesus declared**, "I **thank** you, Father, **Lord** of heaven and **earth**, that you have **hidden** **these** **things** **from** the **wise** and understanding and revealed them to **little** **children**; **yes**, Father, for **such** was **your** **gracious** will. **All** things have been **handed** **over** to me by my Father, and no **one** **knows** the Son **except** the Father, and no one knows the Father except the Son and anyone to **whom** the Son **chooses** to reveal him. **Come** to me, all who **labor** and are **heavy** **laden**, and I will **give** you **rest**. **Take** my **yoke** upon you, and learn from me, for I am **gentle** and **lowly** in heart, and you will **find** rest for your **souls**. For my yoke is **easy**, and my **burden** is **light**." (ESV)

```
N N G R C E S L O R D E M E E
V J E S U S X S O U L S V E E
P L E G Q Y Q B C O M E X E E
F I I N D L A D E N B H V K
L V G I O L H Q F H M T L O
E F E H I N B R Q H E A V Y
W O N T S U O I C A R G J U
I G T G R M Y H H N R A V M
S L L D H S I H I D D E N X
E D E R A L C E D E L A S V
Y N E E D H X Y T D Y R U T
K K Z R O C O A L L A T C F
N B E O E U K M W H E H H J
O N S P R E V O D K M A G B
W E T H G I L H Q F I N D Q
S I A I N W Z W O G T K K F
```

Solution on Page 328

THE LAMB BREAKS THE SEVENTH SEAL
REVELATION 8:1–5

When the **Lamb** **broke** the seventh **seal** on the **scroll**, **there** was **silence** throughout **heaven** for about **half** an hour. I **saw** the **seven** angels who **stand** **before** **God**, and they were **given** seven trumpets. Then another **angel** with a gold **incense** **burner** **came** and **stood** at the **altar**. And a **great** amount of incense was given to him to **mix** with the **prayers** of God's **people** as an **offering** on the gold altar before the throne. The **smoke** of the incense, mixed with the prayers of God's **holy** people, **ascended** up to God **from** the altar **where** the angel had poured them **out**. Then the angel **filled** the incense burner with **fire** from the altar and **threw** it **down** **upon** the **earth**; and **thunder** **crashed**, lightning **flashed**, and there was a terrible earthquake. (NLT)

```
H D B W E E Y P B E R E H W
R Y O R A T L A H U B H J E
W U E O R S O P P R E U F R
S D N A T S H S O K D J E H
F C V W H S R K O E O O U T
G J R R O E E M H U P O N H
O S D O Y D S S E A L Q E E
N C N A L N A N E D U S B R
E E R F O L G R E A T D R E
V P V L F W O H B C I E C D
E D A A F F S D X L N N A N
S M G H E A W M E R E I M U
B G I B R H E X U L F G E H
M O V C I B U B I B L R N T
A D E D N E C S A M I I O A
Q W N G G P C V O F J Z F M
```

Solution on Page 329

CHRIST OUR ADVOCATE

1 JOHN 2:1–6

My **little** **children**, I am **writing** **these** **things** to you so that you **may** not **sin**. But if **anyone** does sin, we have an **advocate** with the Father, **Jesus** **Christ** the righteous. He is the propitiation for our sins, and not for **ours** **only** but also for the sins of the **whole** world. And by this we **know** that we have **come** to know him, if we **keep** his commandments. Whoever **says** "I know him" but does not keep his commandments is a **liar**, and the **truth** is not in him, but whoever keeps his **word**, in him truly the **love** of **God** is perfected. By this we may know that we are in him: whoever says he abides in him ought to walk in the **same** **way** in **which** he walked. (ESV)

```
A O W I Y R K W P N Y J C W
K A K D V L M W E E V O L E
L P G Q Z J H J E S U S M E
J I Q Y N T K L K E K O L N
M V A D U S H N S H C O B F
T T G R W A Y I O T H I U L
L Q T O H M D G N W R C C U
X G C W D E J V N G I F H V
H Y O A S B B R O I S C I H
P E R U Z W Z L A C T M L C
Q M Q D I P D S I N A I D I
O B X A Q N H B H Y Y T R H
Z W Q B O X O U R S N O E W
R U T S X I L N Y D Z A N I
F L P V M O Y A L I T T L E
Z I S R B N S B B Y E J N F
```

Solution on Page 329

PAY ATTENTION!

ACTS 20:28–32

Pay attention to yourselves and to the **entire flock** in **which** the **Holy Spirit** has **placed** you as **bishops** to be shepherds for **God**'s **church** which he acquired with his **own blood**. I know that **fierce wolves** will come to you **after** I **leave**, and they won't spare the flock. Some of **your** own **men** will come **forward** and **say things** that **distort** the **truth**. They will do this to **lure** disciples **into** following them. So be alert! Remember that I instructed **each** of you for **three years**, **day** and **night**, at times with **tears** in my **eyes**. I am now entrusting you to God and to his message that **tells** how **kind** he is. That message **can help** you grow and can **give** you the inheritance that is **shared** by **all** of God's holy **people**. (GW)

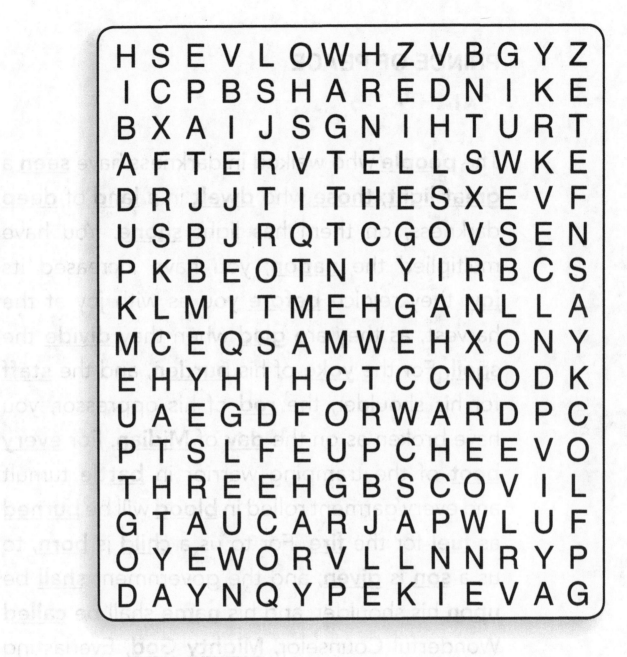

H S E V L O W H Z V B G Y Z
I C P B S H A R E D N I K E
B X A I J S G N I H T U R T
A F T E R V T E L L S W K E
D R J J T I T H E S X E V F
U S B J R Q T C G O V S E N
P K B E O T N I Y I R B C S
K L M I T M E H G A N L L A
M C E Q S A M W E H X O N Y
E H Y H I H C T C C N O D K
U A E G D F O R W A R D P C
P T S L F E U P C H E E V O
T H R E E H G B S C O V I L
G T A U C A R J A P W L U F
O Y E W O R V L L N N R Y P
D A Y N Q Y P E K I E V A G

Solution on Page 329

PRINCE OF PEACE

ISAIAH 9:2–6

The **people** who walked in darkness have **seen** a **great** **light**; **those** who **dwelt** in a **land** of **deep** darkness, on them has light **shone**. You have multiplied the **nation**; you have increased its **joy**; they rejoice **before** you as with joy at the harvest, as they are **glad** when they **divide** the **spoil**. For the **yoke** of his **burden**, and the **staff** for his shoulder, the **rod** of his oppressor, you have broken as on the **day** of **Midian**. For **every** **boot** of the tramping warrior in **battle** tumult and every garment rolled in **blood** will be **burned** as **fuel** for the **fire**. For to us a **child** is **born**, to us a **son** is **given**; and the government **shall** be **upon** his shoulder, and his **name** shall be **called** Wonderful Counselor, **Mighty** **God**, Everlasting **Father**, Prince of **Peace**. (ESV)

```
E I X T O Z X K O C R H B F
M U N E E I O S R X D U P Q
A J P K D O O L B U R D E N
N E S O D E L L A C L S O O
B R D Y N R E H T A F T P S
R T O O B A D L T S H A L L
I J H B R Y E B L H U F E Z
O S E E N W E V E R Y F B E
Y A P R D H M L D F W I U V
T Z D Y N A I D I M O P R O
I H T A E R G T V O E R N X
F H Z C L I H O I E P A E G
D U A F V G T N D Z T S D O
C E E E I V Y D L I H C N D
P A N L G R T H O S E G A G
N Q S V J Y E N H N Y Y L U
```

Solution on Page 329

PAUL GOES TO THE GENTILES
ACTS 18:5–9

When **Silas** and **Timothy** **arrived** **from** Macedonia, **Paul** was **occupied** with the **word**, testifying to the **Jews** that the **Christ** was **Jesus**. And when they **opposed** and **reviled** him, he **shook** **out** his **garments** and **said** to them, "Your **blood** be on your **own** **heads**! I am **innocent**. From now on I will go to the Gentiles." And he **left** **there** and **went** to the house of a **man** **named** Titius **Justus**, a worshiper of **God**. His house was **next** **door** to the synagogue. **Crispus**, the **ruler** of the synagogue, **believed** in the **Lord**, together with his **entire** household. And many of the Corinthians hearing Paul believed and were **baptized**. And the Lord said to Paul **one** **night** in a vision, "Do not be **afraid**, but go on **speaking** and do not be silent." (ESV)

```
R A I G T S W E J F E K I Q
C W F F N U Q N Z O I N G R
I D A R R I V E D H N I O X
J O D M A T K I E O A G M Y
K O O H S I X A C B M H O C
Q R O A C T D E E H E T Q D
F W L G B S N L N P D I X V
A I B A P T I Z E D S M O M
S L O R D E I P U C C O U J
W M K M V Q S O S R H T T M
S R A E I E P A U I R H N L
T E D N N P I Z S S I Y E O
H L X T O D L Y E P S F W E
E U I S U T S U J U T N U O
R R E V I L E D A S G M D N
E D R O W H J Y Z P Q B Y H
```

Solution on Page 330

COMMANDED TO LOVE
2 JOHN 1:5–9

I am **writing** to **remind** you, **dear** **friends**, that we should **love** one **another**. This is not a **new** commandment, but one we have had **from** the beginning. Love **means** **doing** **what** **God** has commanded us, and he has commanded us to love one another, **just** as you **heard** from the beginning. I **say** this **because** **many** deceivers have gone **out** **into** the **world**. They **deny** that **Jesus** **Christ** **came** in a **real** **body**. **Such** a person is a deceiver and an antichrist. **Watch** out that you do not **lose** what we have worked so **hard** to **achieve**. Be diligent so that you **receive** your **full** **reward**. Anyone who **wanders** **away** from this teaching has no relationship with God. But anyone who **remains** in the teaching of Christ has a relationship with **both** the **Father** and the **Son**. (NLT)

```
C I C A C H I E V E R X X E
F R I E N D S R D R K K S M
S H G T O O R A E J H U U A
L O N I B M T H Y M A D S C
F H N E Y J T H R C I E E C
G G T R W A N D E R S N J Y
W M R O F O N B M R H Y D G
H B R R B U D R A E H O N L
P L O H T T L Y I C B I A Z
D M X T C S Q L N E T E Q V
G O A U N U U T S I R H C M
O N G N W I S O R V Y W E V
G D L E Y U L W R E W A R D
H A D Y J O D A N A N T W A
G A T N V L E X T S S C O A
M N M E H D R A H F W H A T
```

Solution on Page 330

THE BOOK OF LIFE
REVELATION 20:11–15

I **saw** a **large**, **white** throne and the **one** who was **sitting** on it. The **earth** and the **sky** **fled** **from** his presence, but no **place** was **found** for them. I saw the **dead**, **both** **important** and unimportant **people**, **standing** in front of the throne. Books were **opened**, **including** the **Book** of **Life**. The dead were **judged** on the basis of **what** they had done, as **recorded** in the books. The **sea** **gave** up its dead. Death and **hell** gave up **their** dead. People were judged based on what they had done. Death and hell were **thrown** **into** the **fiery** **lake**. (The fiery lake is the second death.) Those whose **names** were not found in the Book of Life were thrown into the fiery lake. (GW)

E K O Y O S V B J S Z R H S
K L R G R P C E D K S I I M
Z O P E N E D H H E N W D K
G V O O C B I B T T J N A P
W V G B E O H F O R M A E S
M H N R V P R C B M A M D L
L B I N C L U D I N G E Z G
E D D T A H W M E N G S L V
U K N E E F P G I D E L F C
N F A B C O R T U N E I R R
W F T L R A T J O H A F O M
O O S T L I L M K I U E M E
R U A H S Z B P M K Y K S V
H N L E V A G O U H X S O P
T D J I L D Z X Q U M C Y R
J Y S R T Y F S P O D M Q M

Solution on Page 330

THE LORD IS GOOD
LAMENTATIONS 3:24–33

The **Lord** is my **portion**, **saith** my **soul**; therefore will I **hope** in him. The Lord is **good** **unto** them that **wait** for him, to the soul that **seeketh** him. It is good that a **man** **should** **both** hope and **quietly** wait for the salvation of the Lord. It is good for a man that he **bear** the **yoke** in his **youth**. He sitteth **alone** and **keepeth** **silence**, because he **hath** **borne** it **upon** him. He **putteth** his **mouth** in the **dust**; if so be **there** may be hope. He **giveth** his **cheek** to him that smiteth him: he is **filled** **full** with reproach. For the Lord will not **cast** **off** for **ever**: But **though** he **cause** **grief**, yet will he have compassion according to the multitude of his mercies. For he **doth** not **afflict** willingly **nor** grieve the children of **men**. (KJV)

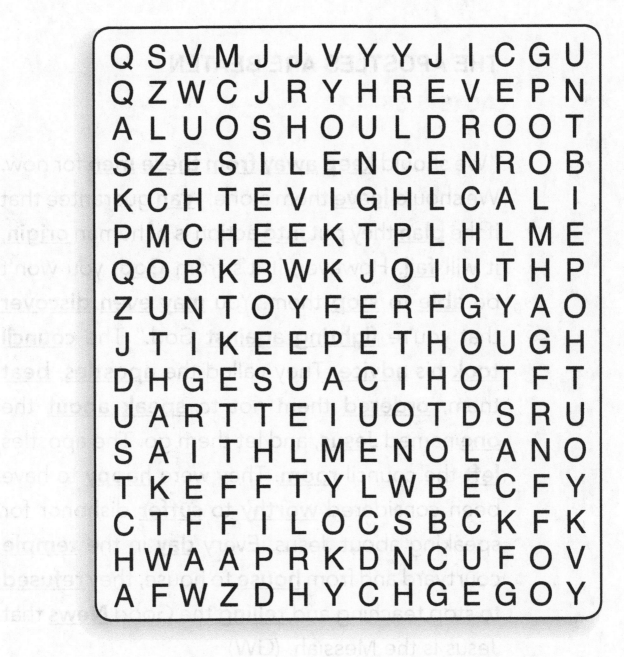

```
Q S V M J J J V Y Y Y J I C G U
Q Z W C J R Y H R E V E P N
A L U O S H O U L D R O O T
S Z E S I L E N C E N R O B
K C H T E V I G H L C A L I
P M C H E E K T P L H L M E
Q O B K B W K J O I U T H P
Z U N T O Y F E R F G Y A O
J T I K E E P E T H O U G H
D H G E S U A C I H O T F T
U A R T T E I U O T D S R U
S A I T H L M E N O L A N O
T K E F F T Y L W B E C F Y
C T F F I L O C S B C K F K
H W A A P R K D N C U F O V
A F W Z D H Y C H G E G O Y
```

Solution on Page 330

THE APOSTLES ARE BEATEN
ACTS 5:38–42

"We should **keep** **away** **from** **these** **men** for now. We should **leave** them alone. I **can** guarantee that if the **plan** they put **into** action is of human **origin**, it will **fail**. However, if it's from **God**, you won't be **able** to **stop** them. You **may** **even** **discover** that you're **fighting** **against** God." The **council** **took** his **advice**. They called the **apostles**, **beat** them, **ordered** them not to **speak** **about** the **one** named **Jesus**, and let them go. The apostles **left** the council **room**. They were **happy** to have been considered **worthy** to **suffer** dishonor for speaking about Jesus. Every **day** in the **temple** courtyard and from **house** to house, they **refused** to stop teaching and **telling** the Good **News** that Jesus is the Messiah. (GW)

```
F X O S T O P T H S J E C K
M D B N U O M E C I V D A U
W A I C X S R M O O R P N Q
D Y N E W S E O U F T W D M
S H T M Y H F J N Q A O F V
C T O A B O U T C E G I O U
Y R E L D T S N I A G A L K
F O E L P M E T L H A P P Y
Q W O S L H D S T H P O N Q
F Y T E E I D I S C O V E R
Z J A K F H N E N R S U J S
R V E W L G T G D A T L S P
E E B M A Y L E F T L Z F E
P V N I G I R O E W E P L A
N E E F R E F F U S S B I K
M C I N D R W Q J F A C R O
```

Solution on Page 331

ONE MIGHTIER THAN I COMETH
THE GOSPEL OF LUKE 3:15–20

And as the **people** were in expectation, and **all men mused** in **their hearts** of **John**, whether he were the **Christ**, or not; John answered, **saying unto** them all, I **indeed baptize** you with **water**; but **one** mightier than I cometh, the **latchet** of **whose shoes** I am not **worthy** to unloose: he shall baptize you with the **Holy Ghost** and with **fire**: Whose **fan** is in his **hand**, and he will thoroughly **purge** his **floor**, and will gather the **wheat into** his **garner**; but the **chaff** he will **burn** with fire unquenchable. And **many** other **things** in his exhortation preached he unto the people. But **Herod** the tetrarch, **being** reproved by him for Herodias his brother Philip's **wife**, and for all the **evils which** Herod had done, **Added** yet this **above** all, that he **shut** up John in prison. (KJV)

J F Z W L X K S H U T J C U
I C L F T K H G C H A F F J
D D U N T O E N H B N A L O
W O E M E N Q M O O Y L O H
I R A S N R E V I L S L O N
F E D X U P E O P L E T R A
E H D F H M B N R U B Y F F
S O E S Q W P A R L N U D W
O G D A N O O P P A B Q I J
H A N Y R L Z R M T G N N D
W Q A I W T E L T C I E D B
O W H N H T S I R H C Z E J
M I P G E T F I R E Y I E W
B O M Q A G E N G T N N D Z
B I N L T H P U R G E T W Z
Z E R E T A W H I C H O B J

Solution on Page 331

THY WONDERFUL WORKS

PSALMS 40:1–5

I **waited** **patiently** for the LORD; and he inclined **unto** me, and **heard** my **cry**. He brought me up **also** **out** of an **horrible** **pit**, out of the **miry** **clay**, and set my **feet** **upon** a **rock**, and established my goings. And he hath put a **new** **song** in my mouth, **even** praise unto our **God**: many **shall** **see** it, and **fear**, and shall **trust** in the LORD. Blessed is that **man** that maketh the LORD his trust, and respecteth not the proud, **nor** **such** as **turn** **aside** to **lies**. Many, O LORD my God, are **thy** **wonderful** **works** **which** thou **hast** done, and thy thoughts which are to us-ward: they cannot be reckoned up in **order** unto thee: if I would declare and **speak** of them, they are more than **can** be **numbered**. (KJV)

```
Y W E N A C X E O D A H L R
H R J R G H H G U L P T A R
B X F U K C U C C E I U H C
O Y C T A S K L U N T O R N
W N J C S P E A K S N Y O N
D O G V I A R Y Q A R S M Y
L E N L D H H E U I A E D V
E N T D E R E B M U N E V E
P A T I E N T L Y L H Y S K
L I E S A R T H B I E H C Q
N O V L U W F E Y I A O K W
N P S H T R W U J L R G K H
J O S J H E T O L Q D R S I
C S P G R F E A R E D R O C
M W J U D Y Z F O K M A N H
W D G M Q G B W N L S F G D
```

Solution on Page 331

THE WRATH OF GOD AGAINST UNGODLINESS

ROMANS 1:18–23

For the **wrath** of **God** is revealed **from** **heaven** **against** **all** ungodliness and unrighteousness of **men**, who by **their** unrighteousness suppress the **truth**. For **what** **can** be **known** **about** God is **plain** to them, because God has **shown** it to them. For his invisible attributes, namely, his eternal **power** and divine **nature**, have been **clearly** perceived, **ever** **since** the **creation** of the **world**, in the **things** that have been made. So they are **without** **excuse**. For although they **knew** God, they **did** not **honor** him as God or **give** **thanks** to him, but they became **futile** in their thinking, and their foolish **hearts** were **darkened**. **Claiming** to be **wise**, they became **fools**, and exchanged the **glory** of the immortal God for images resembling mortal **man** and **birds** and animals and **creeping** things. (ESV)

W N M G L R K N O W N T L T
P E A H N A O P Q X W F W G
M G N I M I A L C I F R O M
E D M K T T P W S H T A R W
N V H A T C L E A R L Y L Z
C X E E T D E N E K R A D L
Y R F R A X V R W R G N W W
C T U U C V D H U A C T N B
B T U U L E E O I T C H O S
H S S O R L F N G K A A G I
S E L I H I S O I T P N N N
G R A O Y T E R A A I K T C
A L L R O U I H E H L S N E
A B O U T F W W T W D P V C
D B I R D S H O W N O I X M
D Y S W Y T W R E K G P D O

Solution on Page 331

JESUS CALMS THE WATERS
THE GOSPEL OF MARK 4:36–41

And **leaving** the **crowd**, they **took** him with them in the **boat**, **just** as he was. And **other** boats were with him. And a **great** windstorm arose, and the **waves** were **breaking** **into** the boat, so that the boat was **already** filling. But he was in the **stern**, **asleep** on the cushion. And they **woke** him and **said** to him, "**Teacher**, do you not **care** that we are **perishing**?" And he awoke and **rebuked** the **wind** and said to the **sea**, "**Peace**! Be **still**!" And the wind ceased, and there was a great **calm**. He said to them, "Why are you so **afraid**? Have you still no **faith**?" And they were **filled** with great **fear** and said to **one** another, "Who then is this, that **even** the wind and the sea **obey** him?" (ESV)

Solution on Page 332

THE MESSENGER

MALACHI 3:1–4

Behold, I **send** my messenger, and he will **prepare** the **way** **before** me. And the **Lord** **whom** you **seek** will **suddenly** **come** to his **temple**; and the messenger of the **covenant** in whom you **delight**, behold, he is coming, **says** the LORD of **hosts**. But who **can** **endure** the **day** of his coming, and who can **stand** when he **appears**? For he is like a refiner's **fire** and like fullers' **soap**. He will **sit** as a refiner and purifier of silver, and he will **purify** the **sons** of **Levi** and **refine** them like gold and silver, and they will **bring** offerings in righteousness to the LORD. Then the **offering** of Judah and **Jerusalem** will be pleasing to the LORD as in the days of **old** and as in **former** **years**. (ESV)

```
N B H U Y S A B Y A W T W V
H C T Z E Q Y D N A T S A J
M H O E M X I P S S D T O Y
Y U K E R O V V B R S S L I
P X F F K A H R E M R O F M
J C O C D K P F F L R H A W
N J E W E S I E O D U T N P
Q E E U H N M M R K A G I J
O O Y R E O U O E P V N D S
P X F H U S M C P U R I F Y
X Y F F N S E E Y E A R S A
P C O V E N A N T D I B V S
B A M R D R Y L N E D D U S
Z N I U S R I E E L P M E T
Y F R Q E R S N O M T Y T S
U E U R N G T H G I L E D M
```

Solution on Page 332

I PRAY FOR YOU

ROMANS 1:8–12

Let me **say** **first** that I **thank** my **God** **through** **Jesus** **Christ** for **all** of you, because **your** **faith** in him is **being** talked **about** all **over** the world. God **knows** how **often** I **pray** for you. **Day** and **night** I **bring** you and your **needs** in prayer to God, **whom** I serve with all my heart by **spreading** the Good **News** about his **Son**. One of the **things** I always pray for is the opportunity, God **willing**, to **come** at **last** to **see** you. For I **long** to **visit** you so I **can** bring you some spiritual **gift** that will **help** you **grow** **strong** in the Lord. When we get **together**, I **want** to **encourage** you in your faith, but I also want to be encouraged by yours. (NLT)

```
D J G Y Q B W P L A T R Z N
C O Y J V A T H R O U G H S
B S G N I H T E O O N Y L Q
G N O R T S H T Y M H G A I
B I Q O I T H F W J E S U S
V S P R E A D I N G R O W N
O K H G N I L G A B O U T H
Y C O K K L Z R V Z E T T E
P T B Y I J U S Q B R I N G
I S A N T O P E P H A S N O
S R G K C O M E U F E I E G
P I K N O W S X T E R V E C
W F E I X F A S S W E N D X
Y A D G W Y T R A L V H S R
E R N H A C H E L P O T O K
K B N T Z G C A N P K W N F
```

Solution on Page 332

FED WITH MILK

1 CORINTHIANS 3:1–7

And I, **brethren**, **could** not **speak** **unto** you as unto **spiritual**, but as unto carnal, as unto **babes** in **Christ**. I **fed** you with **milk**, not with meat; for ye were not yet **able** to **bear** it: **nay**, not **even** now are ye able; for ye are yet carnal: for **whereas** **there** is among you **jealousy** and strife, are ye not carnal, and do ye not **walk** **after** the **manner** of **men**? For when **one** **saith**, I am of **Paul**; and another, I am of **Apollos**; are ye not men? **What** then is Apollos? and what is Paul? **Ministers** **through** **whom** ye believed; and **each** as the **Lord** **gave** to him. I **planted**, Apollos **watered**; but **God** gave the **increase**. So then neither is he that planteth **anything**, neither he that watereth; but God that **giveth** the increase. (ASV)

Z J E A L O U S Y E U N T O
B S P E A K A P O L L O S H
T D P A U L N E O B V O I T
K L I M T A Y W D A S K R E
Z M V K I W T H R O U G H V
C H M A R N H O O V C O C I
S M S O I M I M L O G D N G
Z B A Y P P N S U E A C H V
H Z I N S Q G L T N R A E B
L G T N N I D W H E R E A S
G A H E A E E F A R R A W O
R V V M F Y R S B H F S T I
O E N O H R E D E T N A L P
X S P J T N T O E E R E H T
Q N W H Z I A R D R G J C T
H E I T A H W B A B E S X J

Solution on Page 332

THE PHARISEE AND THE TAX COLLECTOR
THE GOSPEL OF LUKE 18:9–14

He also **told** this **parable** to some who trusted in **themselves** that they were righteous, and **treated** others with contempt: "Two **men** **went** up **into** the **temple** to **pray**, **one** a **Pharisee** and the **other** a **tax** collector. The Pharisee, standing by **himself**, prayed thus: 'God, I **thank** you that I am not like other men, extortioners, **unjust**, **adulterers**, or **even** like this tax collector. I fast **twice** a week; I **give** **tithes** of **all** that I get.' But the tax collector, standing **far** off, would not even **lift** up his **eyes** to **heaven**, but beat his **breast**, **saying**, 'God, be merciful to me, a sinner!' I **tell** you, this **man** went **down** to his **house** **justified**, **rather** than the other. For everyone who exalts himself will be **humbled**, but the one who humbles himself will be exalted." (ESV)

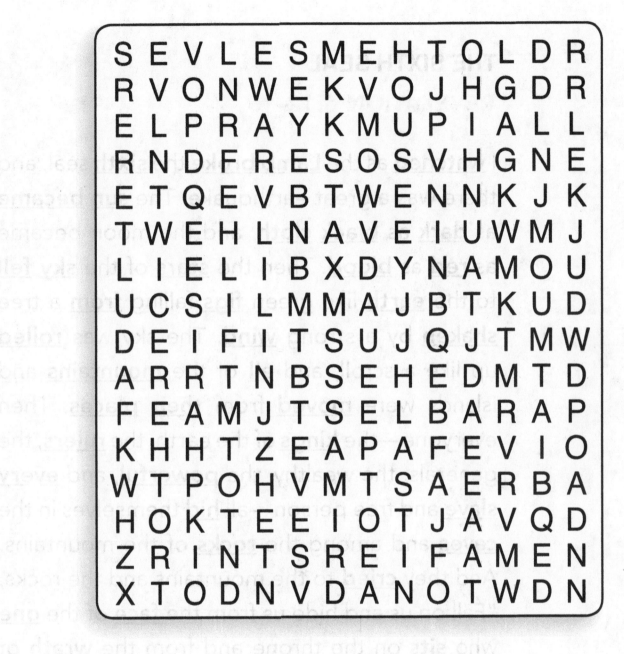

```
S E V L E S M E H T O L D R
R V O N W E K V O J H G D R
E L P R A Y K M U P I A L L
R N D F R E S O S V H G N E
E T Q E V B T W E N N K J K
T W E H L N A V E I U W M J
L I E L I B X D Y N A M O U
U C S I L M M A J B T K U D
D E I F I T S U J Q J T M W
A R R T N B S E H E D M T D
F E A M J T S E L B A R A P
K H H T Z E A P A F E V I O
W T P O H V M T S A E R B A
H O K T E E I O T J A V Q D
Z R I N T S R E I F A M E N
X T O D N V D A N O T W D N
```

Solution on Page 333

THE SIXTH SEAL
REVELATION 6:12–16

I **watched** as the **Lamb** **broke** the **sixth** seal, and there was a great earthquake. The **sun** **became** as **dark** as **black** **cloth**, and the moon became as **red** as **blood**. Then the **stars** of the **sky** **fell** to the **earth** like green **figs** falling **from** a tree **shaken** by a strong **wind**. The sky was **rolled** up like a scroll, and **all** of the **mountains** and islands were **moved** from **their** **places**. Then everyone—the **kings** of the earth, the **rulers**, the generals, the wealthy, the **powerful**, and **every** **slave** and free person—all **hid** themselves in the **caves** and among the **rocks** of the mountains. And they **cried** to the mountains and the rocks, "Fall on us and hide us from the **face** of the **one** who **sits** on the throne and from the **wrath** of the Lamb." (NLT)

```
T K C A L B E C A M E C A F
V T A O Y I N O O K A N Y U
Y P O W E R F U L I R I U E
Q R I R S L N Y K S T A R S
O D E H C T A W Y Q H P D V
I M X V A D L M M T S H W M
V J C I E E O L B R T I C O
S N N Q T L M O E O I D N R
W S E C A L P L L F S E I F
O I R K C O U C K B S Q I T
S A N V A R E I D R J G U D
J L Z D V H N C E O S J G T
E L A E E G S D O K I E Q X
Z J B V S I F S C E X P M F
N J C O E D R O P H T A R W
D E P M J J R C X T H E I R
```

Solution on Page 333

WEALTHY PEOPLE

PROVERBS 14:20–27

A **poor** person is hated **even** by his neighbor, but a **rich** person is **loved** by **many**. Whoever despises his neighbor **sins**, but **blessed** is the **one** who is **kind** to **humble** **people**. Don't **those** who **stray** **plan** **what** is **evil**, while those who are merciful and faithful plan what is **good**? In **hard** **work** there is **always** something **gained**, but **idle** **talk** **leads** only to poverty. The **crown** of **wise** people is **their** **wealth**. The stupidity of **fools** is **just** that—stupidity! An honest witness **saves** **lives**, but one who **tells** **lies** is dangerous. In the **fear** of the LORD there is strong confidence, and his children will have a place of **refuge**. The fear of the LORD is a fountain of **life** to turn one away **from** the **grasp** of **death**. (GW)

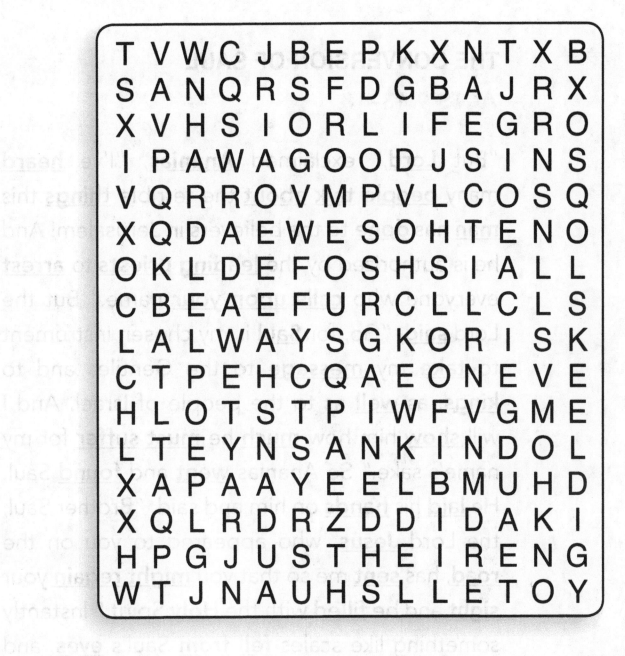

```
T V W C J B E P K X N T X B
S A N Q R S F D G B A J R X
X V H S I O R L I F E G R O
I P A W A G O O D J S I N S
V Q R R O V M P V L C O S Q
X Q D A E W E S O H T E N O
O K L D E F O S H S I A L L
C B E A E F U R C L L C L S
L A L W A Y S G K O R I S K
C T P E H C Q A E O N E V E
H L O T S T P I W F V G M E
L T E Y N S A N K I N D O L
X A P A A Y E E L B M U H D
X Q L R D R Z D D I D A K I
H P G J U S T H E I R E N G
W T J N A U H S L L E T O Y
```

Solution on Page 333

THE CONVERSION OF SAUL
ACTS 9:13–18

"But **Lord**," exclaimed **Ananias**, "I've **heard** many **people talk about** the terrible **things** this **man** has **done** to the believers in Jerusalem! And he is authorized by the **leading priests** to **arrest** everyone who **calls upon your** name." But the Lord **said**, "Go, for **Saul** is my chosen instrument to **take** my **message** to the Gentiles and to **kings**, as **well** as to the people of Israel. And I will **show** him how **much** he **must suffer** for my name's sake." So Ananias **went** and **found** Saul. He **laid** his **hands** on him and said, "Brother Saul, the Lord **Jesus**, who appeared to you on the **road**, has **sent** me so that you **might regain** your **sight** and be **filled** with the **Holy** Spirit." Instantly something like scales **fell from** Saul's **eyes**, and he regained his sight. Then he got up and was baptized. (NLT)

R C I O A L Y O I G R V S N
L U A S H O W E N T U U M Z
L P J L J M I G H T H A O E
E O S E L L E A D I N G K Y
W N S L G S T S E I R P I E
M U C H L M W Y S T P P U S
S K O P U E T C Q A E Z S H
A L I S U F F E R O G G U M
I A T N M R X R P U N E O G
N T D A G D E L L I F R I Y
A Y O S R S E G H P F U T A
N L N A T J V T A K O J N H
A O E I E U T B T I U F E C
H H E D D A O R H A N D S X
E F Q C K U S L A I D R O L
C M S E T U K A F I X Z G P

Solution on Page 333

JESUS RAISES LAZARUS FROM THE DEAD
THE GOSPEL OF JOHN 11:38–44

Jesus **said**, "Take **away** the **stone**." Martha, the **sister** of the **dead** **man**, said to him, "Lord, by this **time** **there** will be an **odor**, for he has been dead four days." Jesus said to her, "Did I not **tell** you that if you believed you would see the **glory** of God?" So they **took** away the stone. And Jesus lifted up his **eyes** and said, "Father, I thank you that you have heard me. I **knew** that you **always** **hear** me, but I said this on account of the **people** **standing** around, that they may **believe** that you **sent** me." When he had said these **things**, he **cried** **out** with a loud voice, "Lazarus, **come** out." The man who had **died** **came** out, his **hands** and **feet** bound with **linen** **strips**, and his **face** **wrapped** with a **cloth**. Jesus said to them, "Unbind him, and let him go." (ESV)

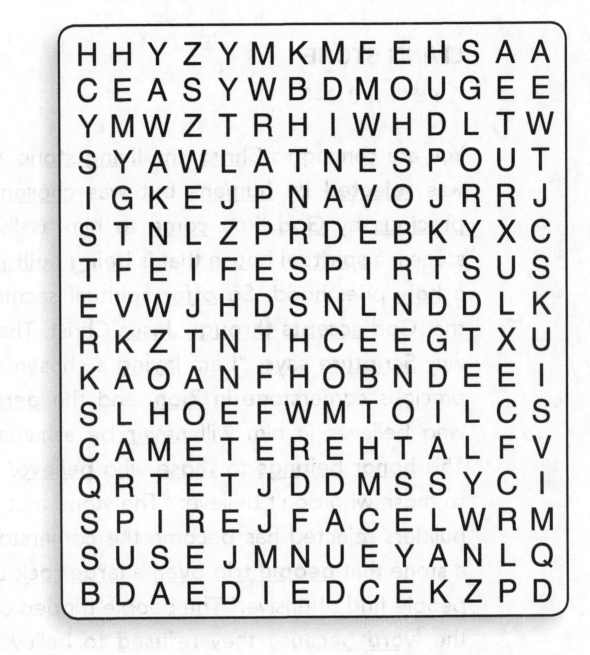

```
H H Y Z Y M K M F E H S A A
C E A S Y W B D M O U G E E
Y M W Z T R H I W H D L T W
S Y A W L A T N E S P O U T
I G K E J P N A V O J R R J
S T N L Z P R D E B K Y X C
T F E I F E S P I R T S U S
E V W J H D S N L N D D L K
R K Z T N T H C E E G T X U
K A O A N F H O B N D E E I
S L H O E F W M T O I L C S
C A M E T E R E H T A L F V
Q R T E T J D D M S S Y C I
S P I R E J F A C E L W R M
S U S E J M N U E Y A N L Q
B D A E D I E D C E K Z P D
```

Solution on Page 334

LIVING STONE

1 PETER 2:4–8

You are coming to **Christ**, the **living stone** who was **rejected** by **humans** but was **chosen** as **precious** by **God**. You **come** to him as living stones, a **spiritual house** that is **being built into** a **holy** priesthood. So **offer** spiritual sacrifices that God **accepts through Jesus** Christ. That is why **Scripture says**, "I am **laying** a chosen and precious cornerstone in **Zion**, and the **person** who believes in him will **never** be ashamed." This **honor belongs** to **those** who **believe**. But to those who don't believe: "The stone that the builders rejected has become the cornerstone, a stone that **people trip over**, a **large rock** that people **find** offensive." The people tripped over the **word because** they **refused** to believe it. **Therefore**, this is how they **ended** up. (GW)

```
O V E R O N O H S J R O C K
T H O S E E J R U T Y H L F
T S H G U O R H T M O Y I A
Y N S N N L E D L S A N Z O
D T V O S I M Y E I D N E T
H D H L S U Y N P S V R S N
B S Y E C T O A P E U I O I
O U I B R Z P I L B R F N W
F S I C I E R E C H D S E G
F E E L P I F M C E R Q O R
E J F S T E T O T C R D C N
R Q T U U U L C R N A P G O
S Y A S R A E P D E D N E I
Y L O H E J C D O V I R A Z
H B I B E L I E V E S U O H
U E G R A L X G B R P I R T
```

Solution on Page 334

I WILL PUT MY SPIRIT WITHIN YOU
EZEKIEL 36:24–28

For I will **take** you **from** **among** the **nations**, and **gather** you **out** of **all** the countries, and will **bring** you **into** your **own** **land**. And I will **sprinkle** **clean** **water** **upon** you, and ye shall be clean: from all your filthiness, and from all your **idols**, will I cleanse you. A **new** **heart** also will I **give** you, and a new **spirit** will I put **within** you; and I will take **away** the **stony** heart out of your **flesh**, and I will give you a heart of flesh. And I will put my Spirit within you, and **cause** you to walk in my **statutes**, and ye shall **keep** mine **ordinances**, and do them. And ye shall **dwell** in the land that I **gave** to your **fathers**; and ye shall be my **people**, and I will be your **God**. (ASV)

```
A M F M C N J F W R N N K F
F Z H G I V E M R A W G K Z
W U J H C A U S E O B K Y O
J J T H V F U L H A M S B E
R I R I S F C Z T B M L R P
W S A S R E H T A F V O I L
P E E K P I L F G M R D N U
V O H T P R P F K D O I G G
N M V U U L I S I G I T U O
F G B D I T T N A T I O N S
G L N G Y V A W K N B Z F I
X A U P O N A T E L P O E P
L S V L C Y O W S R E T A W
R L L E W D E T D M E A B C
I A S Z P B I J S O W K Q G
Q D E Z E R T X R S T E K I
```

Solution on Page 334

GO AND BRING FORTH FRUIT
THE GOSPEL OF JOHN 15:16–20

Ye have not **chosen** me, but I have chosen you, and **ordained** you, that ye should go and **bring forth fruit**, and that your fruit should remain: that whatsoever ye **shall** **ask** of the **Father** in my **name**, he **may** **give** it you. These **things** I command you, that ye **love** **one** **another**. If the world **hate** you, ye know that it hated me before it hated you. If ye were of the world, the world would love his **own**: but **because** ye are not of the world, but I have chosen you **out** of the world, therefore the world hateth you. Remember the **word** that I **said** **unto** you, The **servant** is not **greater** than his **lord**. If they have persecuted me, they will **also** **persecute** you; if they have **kept** my **saying**, they will **keep** yours also. (KJV)

```
T P L R C J C T P E K I M G
E N O G V H X J T A K K V Z
E X R I O W O U A D I A S E
Z M D V R U C S H A L L F A
Y P A E R E T A E R G S R A
R T I N S J H I Y N R O U Z
P R N R V U O T L N E P I M
Q Z E A N Y A M O S H E T Y
C P D T V R J C V N T E H L
R T O H T R O F E A A K I X
X U P W J Q E U H B F G N L
H O D Z N C X S A Y I N G Q
Z N Z L S Y I R A F D I S U
L Z W S U E D F D L O R D C
G Z N P N I F H P L T B O P
M U C A V Q W A T N K N Z W
```

Solution on Page 334

JACOB WRESTLES

GENESIS 32:22–28

During that **night** he got up and **gathered** his **two** wives, his two **slaves** and his **eleven** children and crossed at the **shallow** **part** of the **Jabbok** River. After he **sent** them **across** the **stream**, he sent everything **else** across. So **Jacob** was **left** **alone**. Then a **man** **wrestled** with him **until** dawn. When the man **saw** that he **could** not **win** **against** Jacob, he **touched** the **socket** of Jacob's **hip** so that it was **dislocated** as they wrestled. Then the man said, "Let me go; it's **almost** dawn." But Jacob **answered**, "I won't let you go until you **bless** me." So the man **asked** him, "What's **your** **name**?" "Jacob," he answered. The man said, "Your name will no **longer** be Jacob but **Israel** [He Struggles With God], **because** you have **struggled** with **God** and with men—and you have won." (GW)

```
G N A W O I U J P Z T Q J W
R D E L G G U R T S A W S X
S E I V O B Z E A L M O S T
A R Y S E N S D G A P E M L
W E N O L L E L A N I G H T
I I H N B E O E E I S H L N S
N T R A P A C M N W V E L W
Q A W S R B P A S E S A X S
P G M S B L D N T R V A F O
W J I O D E L T S E R W R J
M A D R H S C C S D D U Z J
A B L C O S H A L L O W T A
E B U A L I T N U Y T M S C
R O O I T E K C O S F K T O
T K C O O R L O N G E R M B
S A E M S T Y G O D L E A Y
```

Solution on Page 335

JOB DID NOT SIN
JOB 1:18–22

While he was **still** speaking, another messenger **arrived** with this **news**: "**Your** sons and daughters were feasting in **their** **oldest** brother's **home**. Suddenly, a powerful **wind** **swept** in **from** the wilderness and **hit** the **house** on **all** sides. The house collapsed, and all your children are **dead**. I am the only **one** who escaped to **tell** you." **Job** **stood** up and **tore** his **robe** in **grief**. Then he **shaved** his **head** and **fell** to the **ground** to worship. He **said**, "I **came** **naked** from my mother's **womb**, and I will be naked when I **leave**. The **Lord** **gave** me **what** I had, and the Lord has **taken** it **away**. **Praise** the **name** of the Lord!" In all of this, Job **did** not **sin** by blaming **God**. (NLT)

Solution on Page 335

ALIVE TO GOD

ROMANS 6:8–14

Now if we be **dead** with **Christ**, we **believe** that we **shall** **also** **live** with him: **Knowing** that Christ **being** **raised** **from** the dead dieth no more; death **hath** no more **dominion** **over** him. For in that he **died**, he died **unto** **sin** **once**: but in that he liveth, he liveth unto **God**. **Likewise** **reckon** ye also yourselves to be dead **indeed** unto sin, but alive unto God **through** **Jesus** Christ our **Lord**. Let not sin therefore **reign** in **your** **mortal** **body**, that ye **should** **obey** it in the **lusts** **thereof**. **Neither** **yield** ye your **members** as instruments of unrighteousness unto sin: but yield yourselves unto God, as **those** that are alive from the dead, and your members as instruments of righteousness unto God. For sin shall not have dominion over you: for ye are not **under** the **law**, but under **grace**. (KJV)

Solution on Page 235

```
T M J C I M F I O V H R J H
T M V Y D O B K U G R A C E
J H Y R E D N U N Z L H T Z
R I O R J V N I T S G Y Q H
M E E S U S E J O U I S Q C
N H V O E B I I O E V I L J
T D R O L U T R L I F N Z F
L C B E V C H D I E W E O H
R E C S I T E N K F B V L W
Y S H D E G R N E D A E D A
C H R E O K N O W I N G L L
U A I E Y N A K I J I A U M
E L S D B O C C S C T S O X
M L T N O M U E E R T R H G
H D E I D G E R O S F C S L
R A I S E D O M I N I O N X
```

Solution on Page 335

WE HONOR THE LORD
ROMANS 14:5–9

One person **decides** that one **day** is **holier** than **another**. Another person decides that **all** days are the **same**. **Every** person **must** **make** his **own** decision. When **people** **observe** a special day, they observe it to honor the **Lord**. When people **eat** all **kinds** of **foods**, they honor the Lord as they eat, **since** they **give** **thanks** to **God**. Vegetarians also honor the Lord when they eat, and they, too, give thanks to God. It's clear that we don't **live** to honor **ourselves**, and we don't **die** to honor ourselves. If we live, we honor the Lord, and if we die, we honor the Lord. So **whether** we live or die, we belong to the Lord. For this reason **Christ** died and **came** **back** to **life** so that he **would** be the Lord of **both** the living and the dead. (GW)

```
I A S H F R N B O E R W U I
C V H U L T B D Q T S U M C
V Y Y S Y I V K O T D K H P
O A H X A N F E A A N R P K
L D K H X B O E C N I S Z H
B R O C S F O O D S K S X P
Y O X M A A N O T H E R L J
O L T M O B S E R V E M L K
G X T H A N K S L O H V A D
X N Z E L P O E P O N Z I C
I Q M K W G S D L W L E A L
L A T A O R C I Y N V D V T
S H J M U C E C Z R X B K P
W L M O L R R E H T E H W A
Z H I T D B Y D O G I V E R
L K X G I U C G K O X B E C
```

Solution on Page 335

A CORPSE IN THE WILDERNESS
EXODUS 14:10–14

As **Pharaoh** **approached**, the **people** of **Israel** **looked** up and **panicked** when they **saw** the Egyptians **overtaking** them. They **cried** **out** to the **LORD**, and they said to Moses, "Why **did** you **bring** us out **here** to die in the **wilderness**? Weren't there enough **graves** for us in **Egypt**? **What** have you **done** to us? Why did you **make** us **leave** Egypt? Didn't we **tell** you this would **happen** **while** we were **still** in Egypt? We said, 'Leave us **alone**! Let us be slaves to the Egyptians. It's **better** to be a **slave** in Egypt than a corpse in the wilderness!'" But Moses **told** the people, "Don't be **afraid**. **Just** stand still and **watch** the LORD **rescue** you **today**. The Egyptians you **see** today will **never** be seen **again**. The LORD himself will **fight** for you. Just **stay** **calm**." (NLT)

```
G C S E L W G N D D R L X S
E T N E V E R P Z E L I H W
J U S T V C H C R I E D E A
H O C N E A B E T T E R R S
S Z A S R L E S Y H P E E S
M J H A E M L L C G K Y A K
D J O V E R T A K I N G G A
I H D E K O O L D F A Y L E
D S S E N R E D L I W E H J
W R D U P N O E N P A A G T
S H O P O N U K L R P R W O
U T A L E P T C S P N C F D
W W A T C H J I E L O N E A
R O O Y B R I N G K A E U Y
V L V M S E V A R G A V P P
D E R M R J O P T B T M E H
```

Solution on Page 336

THE SON IS HEIR
HEBREWS 1:1–5

Long **ago**, at **many** **times** and in many **ways**, God **spoke** to our fathers by the prophets, but in **these** **last** **days** he has spoken to us by his **Son**, **whom** he appointed the **heir** of **all** **things**, **through** whom also he **created** the world. He is the radiance of the **glory** of God and the **exact** **imprint** of his **nature**, and he **upholds** the universe by the **word** of his **power**. **After** **making** purification for **sins**, he **sat** **down** at the **right** **hand** of the **Majesty** on **high**, **having** **become** as **much** superior to **angels** as the **name** he has inherited is more excellent than theirs. For to **which** of the angels **did** God **ever** say, "You are my Son, today I have begotten you"? Or again, "I will be to him a father, and he shall be to me a son"? (ESV)

```
S I N S U B L G Y M D R X K
M Y M L A H O O T H E I R B
R M U P M A E R S V K C D Z
G D H F R V F H E R R N H P
A Y T W H I C H J E X A C T
Q U E M A N N W A Y S T U T
Q L O Y B G N T M N H U M H
R H L V N E E H C N G R G I
W O S I W D C R W S R E J N
S S K O S D L O H P U W L G
E A R F N A D U M J T O N S
M D F T E Y Z G H E H P M P
I F N T S S N H L G G A O O
T D E A E A H A F O I N H K
Z E B S H R L P M G R H O E
L M H Z T U O L Y A K Y F L
```

Solution on Page 336

THE DESTRUCTION OF JERUSALEM
THE GOSPEL OF LUKE 21:20–24

"When you **see** **armies** **camped** **around** Jerusalem, realize that the **time** is **near** for it to be destroyed. Then those of you in **Judea** **should** **flee** to the mountains. Those of you in Jerusalem should **leave** it. Those of you in the **fields** shouldn't go **back** **into** them. This will be a time of **vengeance**. Everything that is **written** **about** it will **come** **true**. How **horrible** it will be for **women** who are **pregnant** or who are **nursing** **babies** in those **days**. **Indeed**, the **land** will **suffer** **very** **hard** times, and its **people** will be punished. Swords will **cut** them **down**, and they will be **carried** **off** into **all** **nations** as **prisoners**. Nations will **trample** Jerusalem **until** the times allowed for the nations to do this are over." (GW)

```
L L F G D Y W S Y N K F L M
Z L V N X R A R M I E S C E
H N A I R O T N I L R A M U
L L S S H O U L D T M I N R
R C A R R I E D R P T Z V T
K N L U E C N A E G N E V A
R A E N L N M D S J R B N J
E L P O E P O D N Y A A U N
E Y S M L R L S O B L R W K
B E O E E E L B I R R O H P
L W L F I G E E T R D U F L
H I F F O N S S A L P N K E
C U T K D A Y S N J U D E A
S X C N I N D E E D R I S V
H A B O U T B A C A C O M E
B L L M Z O Y E H T N A X T
```

Solution on Page 336

COSTLY OINTMENT
THE GOSPEL OF MARK 14:3–8

And **while** he was in **Bethany** in the **house** of **Simon** the **leper**, as he **sat** at **meat**, **there** came a **woman** **having** an alabaster **cruse** of ointment of **pure** **nard** very **costly**; and she **brake** the cruse, and **poured** it **over** his **head**. But there were **some** that had indignation **among** themselves, saying, To what purpose **hath** this **waste** of the ointment been **made**? For this ointment **might** have been **sold** for above **three** **hundred** shillings, and **given** to the **poor**. And they murmured **against** her. But **Jesus** said, Let her **alone**; why **trouble** ye her? She hath **wrought** a **good** **work** on me. For ye have the poor **always** with you, and whensoever ye will ye **can** do them good: but me ye have not always. She hath **done** what she **could**. (ASV)

```
O M N O E L B U O R T N B Y
Q E H X D E R D N U H A V S
U A T S T H G I M T O F O D
A T W H E R B C W G L L N L
N S A O G N I V A H D A H U
J N D E R U O P S I M O N O
Y I Z S W K O D Y L T S O C
C A N U M W G R A L O N E G
F G U R A S O M W E B S R P
M A J C D J O M L R U Q E T
I G I V E N A I A O B D H I
B T V S G L H K H N R R T J
B K U A K W E E D A E H H T
N S P M Z A M P N E T S A W
H B R M P O O R E V O S T X
J I S L S D T P U R E E H D
```

A NEW LIFE

TITUS 3:3–8

<u>Once</u> we, too, were foolish and disobedient. We were <u>misled</u> and <u>became</u> <u>slaves</u> to <u>many</u> <u>lusts</u> and pleasures. Our <u>lives</u> were <u>full</u> of <u>evil</u> and <u>envy</u>, and we <u>hated</u> <u>each</u> <u>other</u>. But—"When <u>God</u> our Savior revealed his kindness and <u>love</u>, he <u>saved</u> us, not because of the righteous <u>things</u> we had done, but because of his <u>mercy</u>. He <u>washed</u> <u>away</u> our <u>sins</u>, <u>giving</u> us a <u>new</u> <u>birth</u> and new <u>life</u> through the <u>Holy</u> <u>Spirit</u>. He generously poured <u>out</u> the Spirit <u>upon</u> us through <u>Jesus</u> <u>Christ</u> our Savior. Because of his <u>grace</u> he declared us righteous and <u>gave</u> us confidence that we will inherit eternal life." This is a trustworthy <u>saying</u>, and I <u>want</u> you to <u>insist</u> on these teachings so that <u>all</u> who <u>trust</u> in God will <u>devote</u> themselves to <u>doing</u> good. These teachings are good and beneficial for everyone. (NLT)

```
I R A B F W P S L C I E U T
O Q E S E C A R G C G D H H
P N T H I N G S D E V A S L
W U C I T Y M G H J T Q J A
O A T E R O N D W E N W T D
E V R X H I F E D S D O V A
N O P U O W P L Y U T F L E
V Y Q D T R U S T S D S L V
Y S J N O X E I X I E P U I
L L A S G G T M G N V V F L
T W I E L N S N A S O H O A
L D Y V T S I R H C T M P L
M E T A E Y S V B R E F I L
A V W L A S N L I R B B X I
N A L S Z I I B C G A T E O
Y G Q U H O L Y M H L X Y P
```

Solution on Page 337

A FOOLISH SON

PROVERBS 17:21–28

The **father** of a **fool** **hath** no **joy**. A **merry** heart **doeth** **good** like a medicine: but a **broken** **spirit** **drieth** the **bones**. A **wicked** **man** **taketh** a **gift** **out** of the bosom to **pervert** the **ways** of **judgment**. Wisdom is **before** him that hath understanding; but the **eyes** of a fool are in the **ends** of the **earth**. A foolish **son** is a **grief** to his father, and bitterness to her that **bare** him. Also to **punish** the **just** is not good, **nor** to **strike** **princes** for **equity**. He that hath knowledge **spareth** his **words**: and a man of understanding is of an excellent spirit. **Even** a fool, when he **holdeth** his **peace**, is counted **wise**: and he that shutteth his **lips** is **esteemed** a man of understanding. (KJV)

```
M E R R Y C K O A R G P J G
R X A D Y D U E T B Q D T F
S P I R I T K G R E Y E S S
B G I F T I I O G F O O L P
J T J I R H K U W O Z H H A
P F A T H E R O Q R T Q S R
Z E S A N S R H T E I R D E
W I C K E D J U D G M E N T
A R G E S N B L U E M G R H
Y G J T X E O A H E C E W E
S D S H N H N T E I V A V V
B U T B A R E T J R N E E C
J A T J N O S S E C N I R P
H G O O D E P P U N I S H W
D Y R E S I W X X A U V R H
O I F O L Z V H H M G U I O
```

Solution on Page 337

FLESH AND BLOOD

HEBREWS 2:14–18

Since **all** of these sons and **daughters** have **flesh** and **blood**, **Jesus** **took** on flesh and blood to be like them. He **did** this so that by **dying** he **would** **destroy** the **one** who had **power** **over** **death** (that is, the devil). In this **way** he would **free** **those** who were **slaves** all **their** **lives** because they were **afraid** of dying. So Jesus helps Abraham's descendants rather than helping **angels**. Therefore, he had to **become** like his brothers and **sisters** so that he **could** be **merciful**. He **became** like them so that he could **serve** as a **faithful** **chief** **priest** in **God**'s **presence** and **make** **peace** with God for their **sins**. Because Jesus experienced temptation when he **suffered**, he is **able** to **help** others when they are **tempted**. (GW)

```
E L B A N P H F V O X A B Q
M E R C I F U L R D O O L B
O C E P M A K E A E D I D L
C A V S S I D U T S E I R P
E E O I T T G B A T A K Q W
B P N S A H K E V R E S V Z
V S R T T F Y C F O E W T H
D C C E Y U W A Y Y C W H E
V M R R S L D M K O O T O L
W S D S D E R E F F U S S P
B D L Y O E N O T T L H E X
X L F E I H C C Q P D T F F
G U I N G N Y C E O M A L V
P O U V F N G H S U S E J X
U W D S E V A L S Q S D T Z
N V U O L S R I E H T M Z Z
```

Solution on Page 337

A RICH MAN

THE GOSPEL OF MARK 10:17–22

And as he was **setting out** on his journey, a **man ran** up and **knelt before** him and **asked** him, "Good **Teacher**, **what must** I do to **inherit** eternal life?" And **Jesus said** to him, "Why do you call me good? No **one** is good **except God** alone. You **know** the commandments: 'Do not **murder**, Do not commit **adultery**, Do not steal, Do not **bear** false **witness**, Do not defraud, Honor your father and mother.'" And he said to him, "Teacher, **all these** I have **kept from** my youth." And Jesus, **looking** at him, **loved** him, and said to him, "You **lack** one **thing**: go, **sell** all that you have and **give** to the **poor**, and you will have **treasure** in **heaven**; and **come**, **follow** me." Disheartened by the **saying**, he **went away** sorrowful, for he had **great** possessions. (ESV)

```
B Y W K B Q J C M X N S I E
A X T R L E R U O U A A S R
M N I G S V S K R M R I U J
M P W E N T T L O V E D S N
V T H I N G F G O A S K E D
R T M U R O Z T P A F V J R
M E I A L D T T P G A S W S
O B E R I A A A N E E V I G
R B P Q E E C I H L C F T G
F E S O R H Y K L W K X N J
L F H G U A N S N N U I E Q
E O G C S Y U I E O K M S P
Y R P F A F O L L O W E S O
W E O W E E T A O F M L P U
E Q A Y R E T L U D A U I T
G N I T T E S L O E N O D T
```

Solution on Page 337

I RECEIVED MERCY

1 TIMOTHY 1:12–17

I **thank** him who has **given** me strength, **Christ Jesus** our **Lord**, **because** he **judged** me faithful, appointing me to his **service**, though formerly I was a blasphemer, persecutor, and **insolent opponent**. But I received **mercy** because I had **acted** ignorantly in unbelief, and the **grace** of our Lord overflowed for me with the **faith** and **love** that are in Christ Jesus. The **saying** is trustworthy and deserving of **full** acceptance, that Christ Jesus came **into** the **world** to **save sinners**, of **whom** I am the **foremost**. But I received mercy for this **reason**, that in me, as the foremost, Jesus Christ **might display** his **perfect patience** as an **example** to **those** who were to believe in him for **eternal** life. To the **King** of the **ages**, **immortal**, invisible, the **only God**, be **honor** and glory forever and **ever**. **Amen**. (ESV)

```
U E E V O L I N V G I G Z D
V Y V T T I B S E R V I C E
Z S H A C F B C M M C V X G
J E S U S E N Y F L A E S D
S G C L C E F O L O T N E U
I A K A I T R R O N O H L J
N F U T R E T N E N O P P O
N S A R M G T L J P Y R M L
E P C O T E O E V V H R A O
R T S M M S E D R T P D X R
S T S M N S A Y I N G K E D
O H D I S P L A Y Q A A V U
G A W G R I F C U O S L E X
V N Y H N H R T H O S E R Y
U K I T O E C E N F U L L H
K Z O K M M M B D L R O W G K
```

Solution on Page 338

PROPER USE OF ALTARS
EXODUS 20:22–26

And the LORD said to Moses, "Say this to the **people** of **Israel**: You **saw** for yourselves that I **spoke** to you **from** heaven. Remember, you **must** not **make** any **idols** of **silver** or **gold** to **rival** me. **Build** for me an **altar** **made** of **earth**, and **offer** **your** sacrifices to me—your **burnt** offerings and **peace** offerings, your **sheep** and **goats**, and your **cattle**. Build my altar wherever I cause my **name** to be remembered, and I will **come** to you and **bless** you. If you use **stones** to build my altar, use **only** **natural**, **uncut** stones. Do not **shape** the stones with a **tool**, for that **would** make the altar **unfit** for **holy** use. And do not approach my altar by **going** up **steps**. If you do, someone **might** **look** up **under** your clothing and **see** your nakedness." (NLT)

```
R U S Z L Q B L P V I E Y E
K L F O P W Z O I Z F O M E
V P F R O M R O W R U A M F
Q M E U N F I T I R N O D H
V A L E T J V N O E C A E P
L D P N H R A N G F U S I I
I E R A G S L X O F T R D W
M U S T I Y E C I O B L E W
B I S U M H A K N D I H K C
Y U I R X T R E G U O O O H
I O L A T H S G B G F L P X
Q E V L A R I L O S E Y S Y
M P E O P L E A O L T K H W
H T R A E S T D F O D E A E
T Q T Q S S Z A N K K S P M
S K N T J X A T R U W E E S
```

Solution on Page 338

DON'T WORRY ABOUT FOOD
THE GOSPEL OF JOHN 9:23–27

Several **boats** **from** Tiberias **landed** **near** the **place** **where** the **Lord** had **blessed** the **bread** and the **people** had eaten. So when the **crowd** **saw** that neither **Jesus** **nor** his disciples were there, they got **into** the boats and **went** across to Capernaum to **look** for him. They **found** him on the **other** **side** of the **lake** and **asked**, "Rabbi, when **did** you get here?" Jesus replied, "I **tell** you the **truth**, you **want** to be with me **because** I **fed** you, not because you understood the miraculous signs. But don't be so concerned **about** perishable **things** like **food**. **Spend** **your** **energy** **seeking** the **eternal** life that the **Son** of Man can **give** you. For **God** the Father has given me the **seal** of his approval." (NLT)

```
Z T B J T F A T Z I N N J Q
N N N D N E A R W N D O L R
E J O E A D U U S T C R L V
Q D B P W E R T U O B A O V
I Y O E V K R H C G N Z O L
Y G V O C S H B D R Y F K A
L I U P F A F Y E N O V G R
G H T L J O U T S S U W O E
L A K E Y G E S S H R O D H
D N S F L C D E E O B U F T
W U W T Y L I E L C W O H O
S D X H I M S K B A A I T W
N P N H E O V I S O N L X Q
Q A E Y G R E N E G A D P D
Q C Z N B F E G S E V T E I
G W X R D N L O S E X Z S D
```

Solution on Page 338

SHE WAS PRAYING
1 SAMUEL 1:12–18

As she was **praying** to the LORD, **Eli** **watched** her. Seeing her **lips** **moving** but hearing no sound, he thought she had been **drinking**. "Must you **come** **here** drunk?" he demanded. "Throw **away** your **wine**!" "Oh no, sir!" she **replied**. "I haven't been drinking wine or anything **stronger**. But I am **very** discouraged, and I was pouring **out** my heart to the LORD. Don't **think** I am a **wicked** woman! For I have been praying out of great **anguish** and sorrow." "In that case," Eli said, "go in peace! **May** the **God** of Israel **grant** the **request** you have **asked** of him." "Oh, **thank** you, sir!" she **exclaimed**. Then she **went** **back** and **began** to **eat** **again**, and she was no **longer** **sad**. (NLT)

```
D R L P T F H V I R S H Y M
A E T G N I V O M L R D J K
S Q M N K I U Y Y R O L B X
R U D I N T Z R E G N O L C
S E Y K A I H P W P A W O L
S S R N H L L I P S G M N Z
O T E I T I C E N O E N I W
G M V R E K T X R K B G I L
T W F D E A S K E D R Q D H
B U M D D H B T G A P T Z D
J M O P R A Y I N G P Y G E
C G B H C W A T O E O N V H
I D I K W A M A R I W I R C
X B I E D Y U E T H W A N T
I R R D T C P H S I U G N A
I V M W O N J I D E O A J W
```

Solution on Page 338

YOU TRAMPLED THE SEA
HABAKKUK 3:15–19

You trampled the **sea** with **your** horses, and the **mighty** waters **piled high**. I trembled **inside** when I **heard** this; my lips quivered with **fear**. My **legs gave way** beneath me, and I **shook** in **terror**. I will wait quietly for the **coming day** when disaster will **strike** the **people** who **invade** us. **Even though** the **fig** trees have no blossoms, and **there** are no **grapes** on the **vines**; even though the olive **crop fails**, and the fields **lie empty** and barren; even though the **flocks die** in the fields, and the **cattle barns** are empty, yet I will rejoice in the **Lord**! I will be **joyful** in the **God** of my salvation! The Sovereign Lord is my strength! He **makes** me as surefooted as a **deer**, **able** to **tread upon** the heights. (NLT)

```
P L K E D Z Y P A I Z G O D
C E O R P E O P L E D P E B
U P O N D P U P C H O E F T
Q L H I J W R N K A G C Y F
L G S N G F U Y T H G I M V
C N V V Y R R O R R E T H B
I I B A R N S D A L H H B R
J M W D H E D P B O D E B W
M O A E K Q E A U T D R Q H
E C Y I Q S J G Y D E E Q U
F A R F K D H H A C E T D I
Y T V C U E F E S V R V I F
S T O F S L I A F E E O E J
G L P M E I G R A Z N A P N
F E H M A P X D W S R I G V
L M A K E S G E L I E H V Z
```

Solution on Page 339

JESUS IS BURIED

THE GOSPEL OF LUKE 23:50–56

Now there was a **man named Joseph**, **from** the **Jewish town** of Arimathea. He was a **member** of the **council**, a **good** and **righteous** man, who had not consented to **their** decision and action; and he was **looking** for the **kingdom** of God. This man **went** to **Pilate** and **asked** for the **body** of Jesus. Then he **took** it **down** and **wrapped** it in a **linen shroud** and laid him in a **tomb cut** in stone, where no **one** had **ever** yet been laid. It was the **day** of Preparation, and the Sabbath was beginning. The women who had **come** with him from **Galilee followed** and **saw** the tomb and how his body was laid. Then they **returned** and prepared **spices** and **ointments**. On the Sabbath they rested according to the commandment. (ESV)

```
V K H Z V H H A C N F Z G U
M Q Z T J O S E P H R M N Z
I D O W N E N I L G O A W J
E M R R X D F J W D M N O Y
B E E L I L A G X E E J T F
S Y V W A G P Y D W J K A T
D W F E Y W H I S O L G S E
K R Z N R I W T V L I O N A
K X E T R R N A E L C O M E
K O I B A E A Z S O N D Y W
I I O P M Z T E S F U D T A
N M P T R E T U C E O S J O
G E N Y H A M Z R B C F L Z
D I T B L O O K I N G I F F
O L R I E H T A G V E A P R
M G P O Q Y S H R O U D D S
```

Solution on Page 339

THE RIGHTEOUS DELIVERED FROM TROUBLE

PROVERBS 11:3–10

The integrity of the **upright guides** them, but the crookedness of the treacherous destroys them. **Riches** do not **profit** in the **day** of **wrath**, but righteousness **delivers from death**. The righteousness of the **blameless keeps** his **way straight**, but the **wicked falls** by his **own** wickedness. The righteousness of the upright delivers them, but the treacherous are **taken captive** by **their lust**. When the wicked **dies**, his **hope** will **perish**, and the expectation of **wealth** perishes too. The **righteous** is delivered from **trouble**, and the wicked walks **into** it **instead**. With his **mouth** the **godless man would destroy** his **neighbor**, but by knowledge the righteous are delivered. When it **goes well** with the righteous, the **city rejoices**, and when the wicked perish there are **shouts** of **gladness**. (ESV)

```
K E E P S Z G M R Y C I T Y
M O R F L T H T A R W G O P
B W I M L W U W H O Y R E D
A N C M A N E O U E T R T L
U K H B F A B L H S I C H T
T V E G L A D N E S S R G U
I N S T E A D D H O T N I U
F E H S Y D M E V I T P A C
O K T N S U O E T H G I R X
R A U S R E V I L E D G T S
P T O R O B H G I E N O S E
B S M R E J O I C E S E E D
N Y T P I I I W E L L S I I
O R O T W I C K E D L F D U
J H C L U S T R O U B L E G
U N D E A T H G I R P U F D
```

Solution on Page 339

THE STAR

THE GOSPEL OF MATTHEW 2:7–12

Then **Herod** summoned the **wise** **men** secretly and ascertained **from** them **what** time the **star** had appeared. And he **sent** them to Bethlehem, saying, "Go and **search** diligently for the **child**, and when you have **found** him, **bring** me **word**, that I too **may** come and worship him." **After** listening to the **king**, they **went** on **their** **way**. And **behold**, the star that they had **seen** when it **rose** went **before** them **until** it came to **rest** **over** the **place** where the child was. When they **saw** the star, they rejoiced exceedingly with **great** **joy**. And **going** **into** the **house** they saw the child with Mary his mother, and they **fell** down and worshiped him. Then, opening their treasures, they offered him **gifts**, **gold** and frankincense and **myrrh**. And **being** warned in a **dream** not to **return** to Herod, they departed to their **own** country by another way. (ESV)

P I Q F E R T E F N N N L T
K T P O U D L D R B R Q E L
E U F M R F M P L A C E M R
N M H O N Y A W T H R R Y M
G W W O U J E S I Z M G O W
R O E H U N R L K B D O J B
O E L N O S D L O H E B R F
M Z V D T R E T U R N I J F
D T M O N R N F O E N U N K
I S A R I E T F M G L P I G
D E Y E S S E A R C H L O D
J R H H R B S E E N H I E K
I T O O B G I F T S N T I F
S X S T W L F B F G A N L R
X E H K A N T X A H G U V Z
J Z J V S U P M W I S E O R

Solution on Page 339

JESUS IS LORD OF THE SABBATH
THE GOSPEL OF MARK 2:23–28

And it **came** to **pass**, that he was going on the sabbath **day** **through** the **grain** **fields**; and his disciples **began**, as they **went**, to **pluck** the **ears**. And the **Pharisees** **said** **unto** him, **Behold**, why do they on the sabbath day that **which** is not **lawful**? And he said unto them, **Did** ye never read what David did, when he had **need**, and was **hungry**, he, and they that were with him? How he **entered** **into** the **house** of **God** when Abiathar was **high** **priest**, and **ate** the showbread, which it is not lawful to eat **save** for the priests, and **gave** also to them that were with him? And he said unto them, The sabbath was made for **man**, and not man for the sabbath: so that the **Son** of man is **lord** **even** of the sabbath. (ASV)

```
Q F F G C U Y E A D J U T X
B C J Z Q D N F V P I E Y B
K W T J C U Q T L A H V Z D
H M S D H G I H O U S E X J
S R D E T B I K N T F N E D
G S L E E H W G X P N W T R
W C E N T E R E D F B I A O
I C I E N Y Y O B D N C W L
C K F T S N A M U O B C Q V
H N O P R I E S T G E P W F
A N U N A A R M N W H I C H
I D S O E R K A A P O C K V
C O A S J G G U H C L H R H
N K I Y A E R C W P D U I F
X I D V B P T H K W O I C N
W B E V K M W G W E Y K D K
```

Solution on Page 340

LOAVES AND FISHES

THE GOSPEL OF JOHN 6:11–15

Jesus therefore **took** the **loaves**; and **having given** **thanks**, he distributed to them that were **set down**; likewise **also** of the **fishes** as **much** as they **would**. And when they were **filled**, he saith **unto** his disciples, **Gather** up the **broken pieces which remain over**, that nothing be **lost**. So they gathered them up, and filled twelve baskets with broken pieces **from** the **five barley** loaves, which remained over unto them that had **eaten**. When therefore the **people saw** the **sign** which he **did**, they said, This is of a **truth** the prophet that cometh **into** the **world**. Jesus therefore perceiving that they were **about** to **come** and **take** him by **force**, to **make** him **king**, withdrew **again** into the mountain himself **alone**. (ASV)

```
H W L T A K E J E S U S P W
R H O J G D I A J J X E I O
E I S H A V I N G A T H E R
V C T K I E T D T E S S C L
O H R R N N J D U K A I E D
I N T O U Y I L N B B F S O
I L L N F T H A O Z I I S W
O A H E E M H U M A A L W N
U Y W V Z T T E C E V L N F
N D N I E K A M Y L R E S R
T H T G I U D E E P K D S O
O B N W I M G K L O H L A M
O I V Z G S K K R E C U W I
K E Z M O Y I B A P U O H S
H K E U Z U Q C B V M W M I
A Q M O M J O U D H F I V E
```

Solution on Page 340

DIVINE POWER

2 PETER 1:3–8

God's **divine** power has **given** us everything we **need** for **life** and for **godliness**. This power was given to us **through** knowledge of the **one** who **called** us by his **own** glory and **integrity**. Through his glory and integrity he has given us his **promises** that are of the **highest** **value**. Through **these** promises you will **share** in the divine **nature** because you have **escaped** the corruption that **sinful** **desires** **cause** in the **world**. Because of this, **make** **every** **effort** to **add** integrity to **your** **faith**; and to integrity add knowledge; to knowledge add self-control; to self-control add **endurance**; to endurance add godliness; to godliness add Christian affection; and to Christian affection add **love**. If you have these **qualities** and they are **increasing**, it demonstrates that your knowledge **about** our **Lord** **Jesus** **Christ** is **living** and **productive**. (GW)

```
S H A R E D F C C H T U H G
S L O R D G I H L I F E K E
E I H Y O U R V C F F X S B
N V N X V I E H I F A C O E
I I X F S E R P O N A I K Y
L N Y T U U R W P E A T G
D G C H E L T O E N M I D H
O I K R V A A D D J R S O D
G V D O E V N U Y G E E A H
R E E U R A R C E I V S H O
V N S G Y A S T T O M I U T
F F I H N N N I L W G M U S
B K R C K I L V N H O O N E
T D E L L A C E E G B R H T
H K S Y U G E S U A C P L K
W F G Q Y D T H E S E H N D
```

Solution on Page 340

FOOLS AND THE WISE
ECCLESIASTES 7:5–12

It is **better** to listen to **wise** **people** who **reprimand** you than to fools who **sing** **your** **praises**. The **laughter** of a fool is like the **crackling** of thorns **burning** **under** a **pot**. Even this is pointless. Oppression **can** **turn** a wise **person** **into** a fool, and a **bribe** can **corrupt** the **mind**. The **end** of something is better than its **beginning**. It is better to be patient than **arrogant**. Don't be **quick** to get angry, because **anger** is typical of fools. Don't **ask**, "Why were **things** better in the **old** **days** than they are now?" It isn't wisdom that **leads** you to ask this! Wisdom is as **good** as an inheritance. It is an **advantage** to **everyone** who **sees** the **sun**. Wisdom **protects** us **just** as **money** protects us, but the advantage of wisdom is that it **gives** **life** to **those** who have it. (GW)

```
D N G M S E E S E S I A R P
V N L I F E S I W S P E R W
K U E N P R O T E C T S U J
W S A D A T T V K H G O O Z
R E D N U D I E G G N H Y N
T L S I N G V U N O I T O B
O E S G T O A A I O L U E G
S B G Y N L T P N D K R N H
L I P E A I Z N N T C N O Y
R R E L G D H A I C A N Y J
F B F P O N M T G Y R G R L
G E Y O R I I E E P C P E K
V T P E R S O N B X O Z V B
Q T Q P A C O R R U P T E V
C E E G U M K C I U Q S P G
Y R E G N A S K T W B R J Y
```

Solution on Page 340

HOLY CONDUCT

1 PETER 1:13–19

Therefore, preparing **your** **minds** for action, and being sober-minded, **set** your **hope** **fully** on the **grace** that will be **brought** to you at the **revelation** of **Jesus** **Christ**. As **obedient** children, do not be conformed to the passions of your **former** ignorance, but as he who called you is **holy**, you also be holy in **all** your **conduct**, since it is written, "You shall be holy, for I am holy." And if you call on him as **Father** who judges impartially **according** to **each** one's **deeds**, conduct yourselves with **fear** **throughout** the **time** of your exile, knowing that you were **ransomed** **from** the **futile** **ways** **inherited** from your forefathers, not with **perishable** **things** **such** as **silver** or gold, but with the **precious** **blood** of Christ, like that of a lamb without **blemish** or spot. (ESV)

```
S J C Y R J H K G H C A E B
R G X R F M F A T H E R L M
E U N F O R M E R L D E G D
V P O I S D N I M O M K F C
L Q O Y H K S U O I C E R P
I U W H E T S L S Y L L O E
S N C N W I B H H H B L R M M
A U H R E V E L A T I O N I
S C Z E T U O H G U O R H T
O O C G R W S B B N F A W H
H N J O J I L F E G U E S G
R D Z E R B T S U D T F A U
N U T E S D S E D L I L G O
X C P D K U I Y D E L E J R
Y T D E M O S N A R E Y N B
V V X F E C A R G W M D K T
```

Solution on Page 341

BIRTHRIGHT

GENESIS 25:29–34

One **day** when **Jacob** was **cooking** **some** **stew**, **Esau** **arrived** **home** **from** the **wilderness** exhausted and **hungry**. Esau **said** to Jacob, "I'm **starved**! **Give** me some of that **red** stew!" (This is how Esau got his **other** **name**, **Edom**, **which** **means** "red.") "**All** right," Jacob replied, "but **trade** me **your** **rights** as the **firstborn** son." "Look, I'm **dying** of starvation!" said Esau. "What **good** is my birthright to me now?" But Jacob said, "First you **must** **swear** that your birthright is mine." So Esau swore an oath, thereby **selling** all his rights as the firstborn to his brother, Jacob. Then Jacob **gave** Esau some bread and **lentil** stew. Esau **ate** the meal, then got up and **left**. He **showed** contempt for his rights as the firstborn. (NLT)

```
Y R G N U H T S W E A R M P
K F N M U S T D V M O D E O
B T I C X A N A L R B A A G
F S L R R Q G E D W V Y N J
Y N L V S A N O E I H I S O
V V E B G T O C V L Y I T P
D D S V I G B O I D D H C R
A E Y L V T O O R E E Q L H
E W K E E N C K R R S L F F
Z O S F E J A I A N A M E G
E H F T L M J N T E U E U Z
M S X T I F G G E S R Q Y Y
G Y O U R I G H T S O O V R
E O E O F A O N K A T M J S
Y J M L V M D A V I S E E U
G L R Z E C E E A D F B W C
```

Solution on Page 341

40 DAYS AND 40 NIGHTS
GENESIS 7:1–5

And **Jehovah** **said** **unto** **Noah**, **Come** thou and **all** **thy** house **into** the **ark**; for thee have I seen **righteous** before me in this **generation**. Of **every** **clean** **beast** thou shalt **take** to thee seven and seven, the male and his female; and of the beasts that are not clean **two**, the male and his female: of the **birds** also of the **heavens**, seven and seven, male and female, to **keep** **seed** alive **upon** the **face** of all the earth. For yet seven **days**, and I will **cause** it to **rain** upon the earth **forty** days and forty **nights**; and every **living** thing that I have **made** will I **destroy** **from** **off** the face of the **ground**. And Noah **did** according unto all that Jehovah commanded him. (ASV)

```
U E A H V O C J A W X V O T
P G G Z P G F F O L C P A S
O R T N X K E A S C L K L G
N N D T Y T O C Q T E D I N
C I F X Q W H E S U A C G O
D I G I T H Y A Q A N K N I
E B I H K Z E O V E I O I T
T V F E T B Y T R O F D V A
S V E U I S U O E T H G I R
Q P S R H E A V E N S E L E
T D D H Y R L T D E M E J N
E S O A K I F V E I C O D E
V O J O Y X J D D N U O R G
X O T N U S S L A T I I M F
W T G Q I Z G N M O Q A E E
B A V B V Y A J M L V G R F
```

Solution on Page 341

THE SON AND THE FATHER
THE GOSPEL OF JOHN 5:19–23

So **Jesus** **explained**, "I **tell** you the truth, the Son **can** do **nothing** by **himself**. He does only what **he** **sees** the **Father** **doing**. Whatever the Father does, the Son **also** does. For the Father **loves** the Son and shows him everything he is doing. In **fact**, the Father will **show** him how to do **even** **greater** **works** than **healing** this **man**. Then you will **truly** be astonished. For **just** as the Father gives **life** to **those** he **raises** **from** the **dead**, so the Son gives life to anyone he **wants**. In addition, the Father judges no **one**. **Instead**, he has **given** the Son absolute authority to **judge**, so that everyone will honor the Son, just as they honor the Father. Anyone who does not honor the Son is **certainly** not honoring the Father who **sent** him." (NLT)

```
P N N D Z M V V V M R U B J
Q A H M N U P W D O I M G H
X C N I A R J M R O S L A O
C F E L M F F S E S I A R I
O I I R Q S H H H T Z N J N
H F A C T N E S T N P E G S
E J W W H A T L A A R V P T
X J L N L G I T F W D E X E
W U Z I L R N N Y O B K G A
W D N O I E X P L A I N E D
O G V D V A R S U Y I W H N
H E E I A T J K R H S X F L
S E G Q H E M R T S U J U J
Q T M O S R D O N E M C Q L
C S S U A Y N W R C L U C W
K E S E E S S Q M F F L Q M
```

Solution on Page 341

REMAIN STEADFAST
JAMES 1:12–17

Blessed is the **man** who remains steadfast **under** **trial**, for when he has **stood** the **test** he will receive the crown of **life**, **which** **God** has promised to **those** who **love** him. Let no **one** **say** when he is tempted, "I am **being** tempted by God," for God **cannot** be tempted with **evil**, and he **himself** **tempts** no one. But **each** person is tempted when he is **lured** and **enticed** by his **own** desire. Then desire when it has conceived **gives** **birth** to **sin**, and sin when it is **fully** grown **brings** **forth** **death**. Do not be deceived, my beloved brothers. **Every** good **gift** and every **perfect** gift is **from** **above**, **coming** down from the Father of **lights** with **whom** **there** is no variation or shadow **due** to **change**. (ESV)

```
K P Q Q Z P A R E D N U K K
Z X D W A Q H G G A L U R Z
A S A L L X T C N W C D O G
C L B U I K A G A I M H Z I
S U O H G W E N H N M O R F
O G V U H Y D I C C N O H T
M E E N T I C E D S I O C W
S U Y A S M V B S H F H T M
D K T M A E K W G S L C W P
M D H T R O F S T H E R E N
T K O Y L L U F G F S L L I
F S S O H Z D S R N M A B V
O N E S T P M E T L I V E L
B W A T R S P V R R H R E O
M O D E I O F I T U N Y B V
Y C A N B H I G W A L I F E
```

Solution on Page 342

THE PEOPLE MAY DRINK
EXODUS 17:3–6

And the **people** thirsted there for **water**; and the people **murmured** **against** Moses, and **said**, **Wherefore** is this that thou **hast** brought us up **out** of Egypt, to **kill** us and our **children** and our **cattle** with thirst? And Moses **cried** **unto** the **LORD**, **saying**, **What** **shall** I do unto this people? they be almost **ready** to **stone** me. And the LORD said unto Moses, Go on **before** the people, and **take** with thee of the **elders** of **Israel**; and **thy** **rod**, wherewith thou **smotest** the **river**, take in thine **hand**, and go. **Behold**, I will **stand** before thee there **upon** the rock in **Horeb**; and thou shalt **smite** the rock, and there shall **come** water out of it, that the people **may** **drink**. And Moses **did** so in the **sight** of the elders of Israel. (KJV)

```
E B Z P S A Y I N G C L L F
E H F L U I G B W J U L O Q
T R S E S O M A E Z A I K B
I B Y N E R D L I H C K N M
M U R M U R E D S N O S I F
S N O R P R O D I A S L R F
T T E N O T S F L D I T D H
A O P F N D Q S E E T D O C
N R E G Y P T R I R S R A O
D B O R D W I I S T E T U M
R J P K A V A I R B T H U E
O H L T E I G D A L O J W O
L N E R R H T N E W M T H Y
W R G C T F M A L I S R A Z
O E K A T S A H D L R M T P
D E H I D I Y G J C G C H Z
```

Solution on Page 342

TRUE RICHES

THE GOSPEL OF MATTHEW 6:19–24

Lay not up for yourselves treasures upon earth, **where** moth and **rust** doth **corrupt**, and where thieves **break** through and **steal**: But lay up for yourselves treasures in **heaven**, where neither moth **nor** rust doth corrupt, and where thieves do not break through nor steal: For where **your** **treasure** is, there will your heart be **also**. The **light** of the **body** is the **eye**: if therefore thine eye be **single**, **thy** whole body **shall** be **full** of light. But if thine eye be **evil**, thy whole body shall be full of **darkness**. If therefore the light that is in thee be darkness, how **great** is that darkness! No **man** **can** **serve** **two** masters: for either he will **hate** the **one**, and **love** the other; or **else** he will **hold** to the one, and **despise** the other. Ye cannot serve **God** and mammon. (KJV)

```
O D W R G D N Z Q X L V N D
U R D B K X V M M F B K C O
G B D G H L Y W S L U V Y X
Y O U R E R V Y M W H H V L
G D N T E M A N H A T E V R
X Y A E C L A E T S J W C G
Z H M R N O R V U A B K O H
S G B H K E R R B E E V T P
H E A V E N S R A R S R H X
A E S I P S E D U T W O G D
L L U F E A I S H P L S I I
L W M Z K C A N S D T A L U
O A V J E E A L G E S L E G
V P Q N R V A E S L R I H E
E C E T V U D S F O E V Y M
M D U Y Y X P E O C T E E Z
```

Solution on Page 342

SIGNS ACCOMPANY THOSE WHO BELIEVE
THE GOSPEL OF MARK 16:14–19

He **appeared** to the **eleven** themselves as they were reclining at **table**, and he **rebuked** them for **their** unbelief and hardness of **heart**, **because** they had not believed **those** who **saw** him **after** he had **risen**. And he said to them, "Go **into all** the **world** and proclaim the gospel to the **whole creation**. Whoever believes and is **baptized** will be saved, but whoever does not **believe** will be condemned. And these **signs** will **accompany** those who believe: in my **name** they will **cast out demons**; they will **speak** in **new tongues**; they will **pick** up **serpents** with their **hands**; and if they **drink** any **deadly poison**, it will not **hurt** them; they will **lay** their hands on the **sick**, and they will recover." So then the **Lord Jesus**, after he had **spoken** to them, was **taken** up into heaven. (ESV)

```
X O T N I J F T Y Y O D W U
S U H N W O R L D L D L R H H H
O O O N T Y D I Z I O K A T
B O S H E A R T N L M R N A
V C E R E B U K E D R A D B
C I R D D E R A E P P A S L
R K K E J C L Z W B C E E E
F D C S A L I V E C U S L P
D N I I E T A L O G U E O C
P E S T P R I M N A V I W N
M S M A T E P O C E S P E J
R I B O V A T E N O K K N E
T R F E N N B N N W A O C S
U L M Y W S Z R E T F A P U
H A K A E P S N G I S T Z S
N Y S W L Z R I X T R U H J
```

Solution on Page 342

MEAT AND BREAD

EXODUS 16:11–15

And the **LORD** said to **Moses**, "I have heard the **grumbling** of the **people** of **Israel**. Say to them, 'At **twilight** you **shall** **eat** meat, and in the **morning** you shall be **filled** with bread. Then you shall **know** that I am the LORD **your** God.'" In the **evening** **quail** **came** up and **covered** the camp, and in the morning **dew** **lay** **around** the camp. And when the dew had gone up, **there** was on the **face** of the wilderness a **fine**, flake-like **thing**, fine as **frost** on the **ground**. When the people of Israel **saw** it, they said to **one** another, "**What** is it?" For they **did** not know what it was. And Moses said to them, "It is the bread that the LORD has **given** you to eat." (ESV)

W L E I F M J O V N R Q D Y
S A E Y M Q Z N G R C F V N
J Y S A O V W E D Q H S M I
M A L T R U U C U X P W L E
D R E H N S R A G Y O H I Z
C D R G I S I F I N E S B U
F Q E I N L Z F K F U I H U
W Q H L G I L A Z V A R G L
F H T I L I L A R T O E R Z
E E A W M I V B H O H Z O X
T M L T T T F E M S U I U J
Z A A P S L O I N U F N N E
K C E E O M C O V E R E D G
P I S R R E V E N I N G I N
I O D B F D P M Q G A T D V
M I Z L E J H Y N O X W L A

Solution on Page 343

GOD DESTROYED THE CITIES
GENESIS 19:24–29

Then the LORD **rained** on **Sodom** and Gomorrah **sulfur** and **fire** **from** the LORD **out** of **heaven**. And he **overthrew** **those** **cities**, and **all** the valley, and all the inhabitants of the cities, and **what** **grew** on the ground. But **Lot**'s **wife**, **behind** him, looked **back**, and she **became** a **pillar** of salt. And **Abraham** **went** **early** in the **morning** to the **place** **where** he had **stood** **before** the LORD. And he looked **down** **toward** Sodom and Gomorrah and toward all the **land** of the valley, and he looked and, **behold**, the **smoke** of the land went up like the smoke of a **furnace**. So it was that, when **God** **destroyed** the cities of the valley, God **remembered** Abraham and **sent** Lot out of the **midst** of the overthrow when he overthrew the cities in **which** Lot had **lived**. (ESV)

```
O K F Y N G Z A I K C A B Q
C L J L E N H B E F O R E E
H M T R R U F L U S S X H E
O C E A J M O R N I N G O Q
R H B E H I N D O G T A L L
W E N E V A E H D D X N D Y
E M M F C I T I E S E Z E X
X G R E W M A S S Z W V N S
S O D O M U H B T D E F I W
M T G W D B W T R O N P A L
W E R H T R E V O A O A R P
R E A I N Q L R Y W H D L F
O K L C E M A C E B A A I K
U O L H W N W O D D C R M K
T M I D S T H O S E E L D E
U S P O A G A T S C L J I W
```

Solution on Page 343

AN ANGEL APPEARS

THE GOSPEL OF LUKE 1:26–33

In the **sixth** **month** of Elizabeth's pregnancy, **God** sent the **angel** **Gabriel** to Nazareth, a **village** in **Galilee**, to a **virgin** named Mary. She was engaged to be married to a **man** named **Joseph**, a descendant of **King** **David**. Gabriel **appeared** to her and **said**, "Greetings, favored woman! The **Lord** is with you!" Confused and disturbed, Mary **tried** to **think** **what** the angel **could** **mean**. "Don't be **afraid**, Mary," the angel **told** her, "for you have **found** **favor** with God! You will **conceive** and **give** **birth** to a **son**, and you will **name** him **Jesus**. He will be very **great** and will be **called** the Son of the **Most** **High**. The Lord God will give him the **throne** of his **ancestor** David. And he will **reign** **over** **Israel** forever; his Kingdom will never **end**!" (NLT)

```
Q P K A D G O D I F S B P M
Y F G F N B I A S A C O W H
W T F R U I K V R M J D C W
G Q H A O R N I A L E I H O
C V F I F T A D E L L A C V
I Z I D N H S D L E T S N E
L J G R H K D E I R T Q V R
B N O R G R V R C A K I N G
V N O S E I B A O N G D N E
L H I I E A N E U G A L B W
O T G C G P T P L E L O D S
R N N H G I H P D L I T U I
D O A V I L L A G E L S Z X
C M V M X T H R O N E O A T
E Y A A E A Z M W J E M I H
P D E U F G F F J V W B W O
```

Solution on Page 343

THE BEAST FROM THE SEA
REVELATION 13:1–5

And I **saw** a **beast** **rising** **out** of the **sea**, with **ten** **horns** and seven **heads**, with ten **diadems** on its horns and blasphemous **names** on its heads. And the beast that I saw was like a **leopard**; its **feet** were like a bear's, and its mouth was like a lion's mouth. And to it the dragon **gave** his **power** and his throne and **great** authority. **One** of its heads seemed to have a **mortal** wound, but its mortal wound was healed, and the **whole** **earth** **marveled** as they **followed** the beast. And they worshiped the dragon, for he had **given** his authority to the beast, and they worshiped the beast, saying, "Who is like the beast, and who **can** **fight** **against** it?" And the beast was given a mouth uttering **haughty** and blasphemous **words**, and it was **allowed** to exercise authority for forty-two months. (ESV)

```
J M Q N W R O Z U F P W T N
N L U N O Q G U W R Z A R V
D A V K F I G H T G E S Q E
G B M L V S N S N R O H T G
R N G E X H A U G H T Y N E
N O N F S E P G O M J I J U
K Q Z O B S A C A N S D T J
I M V L B V A R V I R E M U
I V C L E D V G R A N A O P
D R W O R E V E P T K S R Y
S D N W L W W O R D S M T Z
B E Z E W O E T H F H E A D
K S D D P L N T E R Q D L Q
D Z T V O L R P A E N A C E
L Z P H E A L Z D E F I P W
Y V W W Y E O V D S N S D Z F
```

Solution on Page 343

ADVICE

PROVERBS 25:14–20

A person who **promises** a **gift** but doesn't **give** it is like clouds and **wind** that **bring** no **rain**. Patience **can** persuade a **prince**, and **soft** **speech** can break **bones**. Do you like **honey**? Don't **eat** too **much**, or it will **make** you **sick**! Don't **visit** your **neighbors** too often, or you will wear **out** your **welcome**. Telling **lies** about **others** is as **harmful** as **hitting** them with an ax, wounding them with a **sword**, or **shooting** them with a **sharp** **arrow**. Putting confidence in an unreliable person in **times** of trouble is like chewing with a **broken** **tooth** or **walking** on a **lame** **foot**. Singing **cheerful** **songs** to a person with a heavy heart is like **taking** someone's **coat** in **cold** weather or pouring **vinegar** in a wound. (NLT)

```
D R O W S O N G S I U U K B
G S H V N M B O N E S M R L
S N A A R A G E N I V O T M
E R I T R Y E N O H K O X A
I M O R N M C X I E O L K K
L O O B B K F L N T L G A E
F W X N H B R U H I T N V W
J D H C S G P F L S G I F T
S Z U L N R I R W I G T H C
E M Q I A T A E O V X O N O
M R K H L A M E N M U O T L
I A S B T O F H C T I H A D
T I J A C F U C A N E S N O
B N O L B Q O W E R I I E J
H C E E P S N S S C W R N S
B W O C G U C Y K T X F P X
```

Solution on Page 344

GOD CREATES MAN
GENESIS 1:27–31

So **God** **created** **human** beings in his **own** **image**. In the image of God he created them; male and female he created them. Then God blessed them and said, "Be fruitful and **multiply**. **Fill** the **earth** and govern it. **Reign** **over** the **fish** in the **sea**, the **birds** in the **sky**, and **all** the animals that **scurry** along the ground." Then God said, "Look! I have **given** you every seed-bearing **plant** **throughout** the earth and all the **fruit** **trees** for **your** **food**. And I have given every **green** plant as food for all the **wild** animals, the birds in the sky, and the small animals that scurry along the ground—everything that has life." And that is **what** **happened**. Then God **looked** over all he had **made**, and he **saw** that it was very good! And evening passed and **morning** **came**, **marking** the **sixth** **day**. (NLT)

```
H X U S W X X K B Y U F M D
E Y K P B K P I F K A X R I
Q H O P X G A N A S Y T M F
K A F U M T V C A V M A D E
T U P T R F Y W R M G H D H
I I D E K O O L R E U W T H
G Q E T D E N E P P A H P T
Q S A N E V I G D I R T R U
A W L A U G R B N O T D E Q
F I L L N K S D U I O L F D
E R E P Y D O G L E N F U C
C J V A R F H G N I K R A M
B G W I R O B S R S W M O X
L Q B U U T V E I E E R W M
P C I T C N H E D F E A N A
H T X I S H Z L R X D N M S
```

Solution on Page 344

STRIVING AFTER WIND
ECCLESIASTES 1:12–17

I the **Preacher** have been **king** **over** **Israel** in Jerusalem. And I **applied** my **heart** to **seek** and to **search** **out** by **wisdom** **all** that is **done** **under** heaven. It is an **unhappy** business that **God** has **given** to the **children** of **man** to be **busy** with. I have seen **everything** that is done under the **sun**, and **behold**, all is **vanity** and a **striving** **after** **wind**. **What** is **crooked** **cannot** be made **straight**, and what is lacking cannot be counted. I **said** in my heart, "I have **acquired** **great** wisdom, surpassing all who were over Jerusalem **before** me, and my heart has had great **experience** of wisdom and knowledge." And I applied my heart to **know** wisdom and to know madness and **folly**. I **perceived** that this also is but a striving after wind. (ESV)

```
X T B Z H D F M O D S I W H
T A E R G O D W T T D S C Q
B H H B B E F O R E T R W S
I W O N K Z N E K R A A E B
T L L A W N T O I E G E M U
G D D U A F O V S G K L I S
S I E C A R I U N H A P P Y
A A V E C N E I R E P X E L
M S I E G C H I L D R E N L
N W E Y N T D O N E E S U O
D I C N Y A Y C V I H C N F
W N R R K T M O A L C U D H
L D E R I U Q C A P A R E X
V V P N N O C R G P E A R W
E H A U G T H G I A R T S O
U V W S B D K K R T P K X B
```

Solution on Page 344

WE HARVEST WHAT WE PLANT
GALATIANS 6:4–9

Pay **careful** attention to **your** **own** work, for then you will get the satisfaction of a **job** **well** **done**, and you won't **need** to **compare** yourself to **anyone** else. For we are **each** responsible for our own **conduct**. **Those** who are **taught** the **word** of **God** **should** provide for **their** teachers, sharing **all** good **things** with them. Don't be misled—you **cannot** **mock** the justice of God. You will always **harvest** **what** you plant. Those who **live** **only** to satisfy their own **sinful** **nature** will harvest **decay** and **death** **from** that sinful nature. But those who live to **please** the **Spirit** will harvest everlasting **life** from the Spirit. So let's not get **tired** of **doing** what is good. At **just** the **right** **time** we will **reap** a harvest of blessing if we don't **give** up. (NLT)

```
J U S T H I N G S M D X C Q
A S M R B A B Z N L L E W X
L Q U O E G R E V I G S S G
E A J C R A S V G V O J O T
Y P C D A F P P E E S D K L
N L K M P R S P I S E X P G
T E H C M H E L Q R T N Y Z
D A N Y O N E F U C I N O E
E S H U C M E T U F X T U D
I E L W H S A D Y L N O R T
O D O T O N N A C J R I I I
L U A H H O S D Q N G R S M
Z E T C C G R E T H E I R E
D U E A O O U C T D U E C O
L I F E W L L A P C O J D R
V B I Q N S M Y T E L G X J
```

Solution on Page 344

DO NOT CAUSE A BROTHER TO FALL
ROMANS 14:13–19

Let us not therefore **judge** **one** another any more: but judge ye this rather, that no **man** put a stumblingblock in his brother's **way**, or an occasion of **falling**. I **know**, and am **persuaded** in the **Lord** **Jesus**, that nothing is **unclean** of **itself**: **save** that to him who accounteth anything to be unclean, to him it is unclean. For if **because** of meat **thy** brother is **grieved**, thou walkest no longer in **love**. **Destroy** not with thy meat him for **whom** **Christ** **died**. Let not then **your** good be **evil** **spoken** of: for the **kingdom** of **God** is not **eating** and **drinking**, but righteousness and **peace** and **joy** in the **Holy** **Spirit**. For he that **herein** serveth Christ is well-pleasing to God, and **approved** of **men**. So then let us **follow** **after** things **which** make for peace, and things whereby we may **edify** one another. (ASV)

```
O Y Z S Q K N G M U Y A W X
E E A L R E A T I N G O G M
L V N H K T T D Y C L R X O
E W O O K Z E X V L I G O D
Y J P L W C O U O E R M D G
E S V Y H T R F V A A E N N
G T I R I P S E V N V I I I
D N H H C W D I B O K T E K
U T I Y H E T E R N Y W R N
J G O L S N C P I H L H E O
F F E T L A P R O T C O H W
P E R S U A D E D N S M R P
E O E S R Y F I D E D E I D
Y J E S U S O S K M T S L S
R Y S O O M H J B F Z T H F
W F L W Y G P E A C E V I L
```

Solution on Page 345

THE MAN BORN BLIND
THE GOSPEL OF JOHN 9:1–7

As **Jesus** was **walking** along, he **saw** a **man** who had been **blind** **from** **birth**. "Rabbi," his **disciples** **asked** him, "why was this man **born** blind? Was it because of his **own** **sins** or his parents' sins?" "It was not because of his sins or his parents' sins," Jesus **answered**. "This **happened** so the power of **God** could be **seen** in him. We must **quickly** carry **out** the tasks **assigned** us by the **one** who **sent** us. The **night** is **coming**, and then no one **can** **work**. But **while** I am **here** in the world, I am the **light** of the world." Then he **spit** on the ground, made **mud** with the saliva, and **spread** the mud **over** the blind man's **eyes**. He **told** him, "Go **wash** yourself in the **pool** of Siloam" (Siloam **means** "sent"). So the man **went** and washed and came **back** seeing! (NLT)

```
P D N T M T C P C C W X H C
C L C F A L M C L S H S A W
Z O C A N E E S T X A N H F
M T M G B K D N W E B I M C
L O D I T H J A R C L U N B
I C R A N S W E R E D O W Q
G T N F P G H M T I E A O R
H U H I Q G I J S H N Z B P
T O T A O U N C J S G J O U
M I W B P O I I T E I I R A
I Q D S L P N C K X S N N W
T N E W L I E R K L S U S B
R Y K E K B N N W L A R S X
E G S P R E A D E A Y W E M
V N A Z O E O C D D A F N V
O K O A W G B E K S O V T A
```

Solution on Page 345

PARABLE OF THE LOST SHEEP

THE GOSPEL OF LUKE 15:1–7

Now the **tax** **collectors** and sinners were **all** **drawing** **near** to **hear** him. And the **Pharisees** and the scribes grumbled, **saying**, "This **man** **receives** sinners and eats with them." So he **told** them this parable: "What man of you, **having** a **hundred** **sheep**, if he has **lost** **one** of them, does not **leave** the ninety-nine in the **open** country, and go **after** the one that is lost, **until** he **finds** it? And when he has **found** it, he **lays** it on his **shoulders**, rejoicing. And when he **comes** **home**, he calls together his **friends** and his **neighbors**, saying to them, 'Rejoice with me, for I have found my sheep that was lost.' Just so, I **tell** you, **there** will be more **joy** in heaven **over** one **sinner** who **repents** than over ninety-nine righteous persons who **need** no repentance." (ESV)

```
I O G C X G H V F U L Y Q P
Q B N H F Q N U N I J T U V
O A I E R H L I T O N L M Q
M V V S I L U N Y P L D P V
B O A D E G U N R A E N S V
D L H T N M H F D E S E N A
R Q N O D X O B P R V P H H
M C S L S U A C O I E O V S
W N R D N D V T E R G D H U
V V E D S L C C U N S E W O
Q R D A S E E S I R A H P D
T Z L D L R V W Q R N N J S
B S U L O O A F T E R E H T
A H O M E R E N N I S A E B
K C H L D X L A Y S Z R Q D
W J S T N E P E R E R E R T K R
```

Solution on Page 345

JESUS CLEANSES THE TEMPLE
THE GOSPEL OF MARK 11:15–19

And they **come** to Jerusalem: and **Jesus** **went** **into** the **temple**, and **began** to **cast** **out** them that **sold** and bought in the temple, and **overthrew** the **tables** of the moneychangers, and the **seats** of them that sold **doves**; And would not **suffer** that any **man** should **carry** any **vessel** through the temple. And he **taught**, **saying** **unto** them, Is it not **written**, My house shall be called of **all** **nations** the house of **prayer**? but ye have made it a **den** of thieves. And the **scribes** and **chief** **priests** **heard** it, and sought how they **might** destroy him: for they **feared** him, **because** all the **people** was **astonished** at his **doctrine**. And when **even** was come, he went out of the **city**. (KJV)

```
N O M G C P G C A S T F D J
D M A N E B E G A N E D D A
V P M I G H T O F R M V L Z
T E R Y L J H Q P B P K O Q
N H S A E P E Z Y L L D S D
E R G S Y V F S T S E I R P
W A U U E E G E E H G N S S
O S G N A L R N S L N T C E
T V H R N T K I A D B O I B
N W E S E R N R S T M A E I
U D A R T O U T E E I C T R
M A R Y T I C C Q F A O E C
X R D S I H N O Y U F T N S
Y C A R R Y R D S U M U S S
R N Z L W M F E I H C Z S G
H G Q B L V M C W U Y V L J
```

Solution on Page 345

I HAVE TAKEN REFUGE IN YOU

PSALMS 71:1–6

I have **taken** **refuge** in you, O **LORD**. Never let me be put to **shame**. Rescue me and **free** me **because** of **your** righteousness. **Turn** your **ear** **toward** me, and **save** me. Be a **rock** on **which** I **may** **live**, a **place** **where** I may **always** go. You **gave** the order to save me! Indeed, you are my rock and my **fortress**. My **God**, free me **from** the **hands** of a **wicked** person, from the **grasp** of **one** who is **cruel** and **unjust**. You are my **hope**, O **Almighty** LORD. You have been my confidence **ever** **since** I was young. I **depended** on you **before** I was **born**. You **took** me from my mother's **womb**. My songs of **praise** constantly speak **about** you. (GW)

```
L J X N B C R U E L I Q C K
F Q U L G M F R O M C K R B
P T D R A W O T O Y C S Y Q
L Y A M X F R W H O P E A R
Q S F K E Q T D R U C V B V
P U K B E D R O J R F E X W
S I N C E N E G U F E R I E
N W R J A S S D P L A C E V
T O O K U L S O N E K R R A
U Z B A I S M B S E F B X G
R L C V L O T I D G P Q J V
N E E O H W A S G W H E R E
B M U C I R A B L H A N D S
U A I L P V Q Y O N T O R E
V H F N E Q I R S U C Y O S
W S O P W P R P P P V T D L L
```

Solution on Page 346

RESPECT FOR AUTHORITIES
ROMANS 13:1–5

Let **every** person be **subject** to the governing authorities. For **there** is no authority **except** **from** **God**, and **those** that **exist** have been **instituted** by God. Therefore whoever resists the authorities resists **what** God has **appointed**, and those who **resist** will **incur** **judgment**. For **rulers** are not a **terror** to good conduct, but to **bad**. Would you have no **fear** of the **one** who is in authority? Then do what is good, and you will **receive** his **approval**, for he is God's **servant** for your good. But if you do wrong, be **afraid**, for he does not **bear** the **sword** in **vain**. For he is the servant of God, an **avenger** who **carries** **out** God's **wrath** on the wrongdoer. Therefore one **must** be in subjection, not only to **avoid** God's wrath but **also** for the **sake** of conscience. (ESV)

```
D Y I R S H O C D O G Q N Q
V J A X W T B C S H O B A X
C U B B O R E L T S I X E S
D D I A R F A S E S O H T R
U G I W D D R T G V I O N E
D M N R I Z D F H M U S T L
R E S E V E R Y Y C S A E U
Q N T G I O D E V I E C E R
C T I N M U A U E C I N S U
E A T E I T G V N M R E U C
Y H U V Z O T R E I R C B N
A W T A A P P R O V A L J I
Z S E N E V E P A R C V E Y
R A D C P H O N A E R M C C
M K X H T U T I B I F E T D
T E T W U L P Y D A P D T P
```

Solution on Page 346

THE LORD REIGNS FOREVER
PSALMS 9:1–9

I will **praise** you, **LORD**, with **all** my **heart**; I will **tell** of all the marvelous **things** you have **done**. I will be **filled** with **joy** **because** of you. I will **sing** praises to **your** **name**, O **Most** **High**. My enemies retreated; they staggered and **died** when you **appeared**. For you have judged in my **favor**; **from** your **throne** you have judged with **fairness**. You have **rebuked** the **nations** and destroyed the **wicked**; you have **erased** **their** names **forever**. The **enemy** is finished, in **endless** **ruins**; the **cities** you uprooted are now forgotten. But the LORD **reigns** forever, executing judgment from his throne. He will **judge** the **world** with **justice** and **rule** the nations with fairness. The LORD is a **shelter** for the oppressed, a **refuge** in **times** of **trouble**. (NLT)

```
Q W S Y S F Y Y T H E I R T
R D D E K C I W C E N E M Y
D W L O M N N N L E I I R O O
M O R F N I A Y L G T U S J
W D O N E E T M N E R I T D
D V W D T B S S E L D N E R
L I R E F O R E V E R S E S
L C E G S S E N R I A F I P
E T R D M B L A R R U N T R
T R O U B L E E E G G Z H A
M A V J A P T C E J E L I I
V E A I P L V N A T I O N S
B H F A E C I T S U J R G E
S G T H R O N E S G S D S V
X I S E L U R E B U K E D P
I H O B J U G J H E K D F L
```

Solution on Page 346

LIVING IN THE LIGHT
1 JOHN 1:5–8

This is the message we **heard** **from** **Jesus** and now declare to you: **God** is **light**, and there is no **darkness** in him at **all**. So we are **lying** if we **say** we have **fellowship** with God but go on **living** in spiritual darkness; we are not **practicing** the **truth**. But if we are living in the light, as God is in the light, then we have fellowship with **each** **other**, and the **blood** of Jesus, his **Son**, cleanses us from all **sin**. If we **claim** we have no sin, we are **only** **fooling** **ourselves** and not living in the truth. But if we **confess** our sins to him, he is **faithful** and **just** to **forgive** us our sins and to **cleanse** us from all **wickedness**. (NLT)

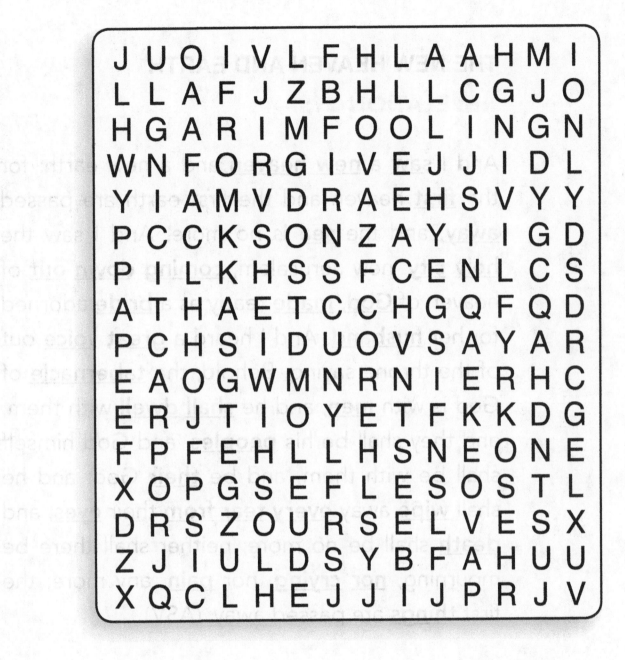

```
J U O I V L F H L A A H M I
L L A F J Z B H L L C G J O
H G A R I M F O O L I N G N
W N F O R G I V E J J I D L
Y I A M V D R A E H S V Y Y
P C C K S O N Z A Y I I G D
P I L K H S S F C E N L C S
A T H A E T C C H G Q F Q D
P C H S I D U O V S A Y A R
E A O G W M N R N I E R H C
E R J T I O Y E T F K K D G
F P F E H L L H S N E O N E
X O P G S E F L E S O S T L
D R S Z O U R S E L V E S X
Z J I U L D S Y B F A H U U
X Q C L H E J J J I I J P R J V
```

Solution on Page 346

THE NEW HEAVEN AND EARTH
REVELATION 21:1–4

And I **saw** a **new** **heaven** and a new earth: for the **first** heaven and the first earth are passed **away**; and the **sea** is no more. And I saw the **holy** **city**, new Jerusalem, **coming** **down** **out** of heaven of **God**, **made** ready as a **bride** adorned for her **husband**. And I heard a **great** **voice** out of the throne saying, Behold, the **tabernacle** of God is with **men**, and he **shall** **dwell** with them, and they shall be his **peoples**, and God himself shall be with them, and be **their** God: and he shall **wipe** away **every** **tear** **from** their **eyes**; and **death** shall be no more; neither shall there be mourning, **nor** **crying**, nor **pain**, any more: the first **things** are passed away. (ASV)

```
C N R E P I W S X T J H J S
N L E M D P O D O W N E W E
E L L V G I S G N I Y R C P
D E L C A N R E B A T T S B
A W A Y G E I B L V B W I Y
M D H X T N H M A P T S R C
J M S K T A W T O C O E U T
S E A R D H E S A C V E E H
O X W A Y I E R N E A C P I
N A J F N I A I G A D I I N
J N F I A E A F R Y G O D G
R L U E T P J B R L M V O S
C M I G N T S M O O U T U E
A V T L S X F C N H M E N Y
I Q U H S K A H A S K D F E
H J W Z L Z I A B M I D W Y
```

Solution on Page 347

THE TRUE LIGHT
THE GOSPEL OF JOHN 1:1–9

In the **beginning** was the **Word**, and the Word was with **God**, and the Word was God. The same was in the beginning with God. **All** things were made by him; and **without** him was not any **thing** made that was made. In him was **life**; and the life was the **light** of **men**. And the light **shineth** in **darkness**; and the darkness comprehended it not. There was a **man sent from** God, **whose** name was **John**. The same came for a **witness**, to **bear** witness of the Light, that all men **through** him **might** believe. He was not that Light, but was sent to bear witness of that Light. That was the **true** Light, **which** lighteth **every** man that cometh **into** the world. (KJV)

```
R L O O U O C O M C B E M X
K T T T G D D T R U R E V U
E Y X Z U V A C D T G P L X
D A J F N A M W O R D R T I
W C A Q Q V T E G U A D F Y
K Z N Y C S S T N E S F V F
H M C V D L P A B F S R R X
O G L Q Q S M E O I J O H N
W Z U L D Y V O Z L M P H W
U G Z O A E S P W V I D C W
J B X L R T H I N G G Q I H
I O U Y K H T R X U H L H E
R Z J V N N T U O H T I W S
R S O B E G I N N I N G C A
R Y O S S H I N E T H H B C
X K S W S D H O I V O T N I
```

Solution on Page 347

MOSES ON MOUNT SINAI

EXODUS 24:12–16

The **LORD** **said** to **Moses**, "Come up to me on the mountain and **wait** there, that I **may** **give** you the **tablets** of **stone**, with the **law** and the commandment, **which** I have **written** for **their** instruction." So Moses **rose** with his assistant Joshua, and Moses **went** up **into** the mountain of **God**. And he said to the **elders**, "Wait **here** for us **until** we **return** to you. And **behold**, **Aaron** and **Hur** are with you. **Whoever** has a **dispute**, let him go to them." Then Moses went up on the mountain, and the cloud **covered** the mountain. The glory of the LORD **dwelt** on Mount Sinai, and the cloud covered it **six** days. And on the **seventh** **day** he **called** to Moses **out** of the **midst** of the cloud. (ESV)

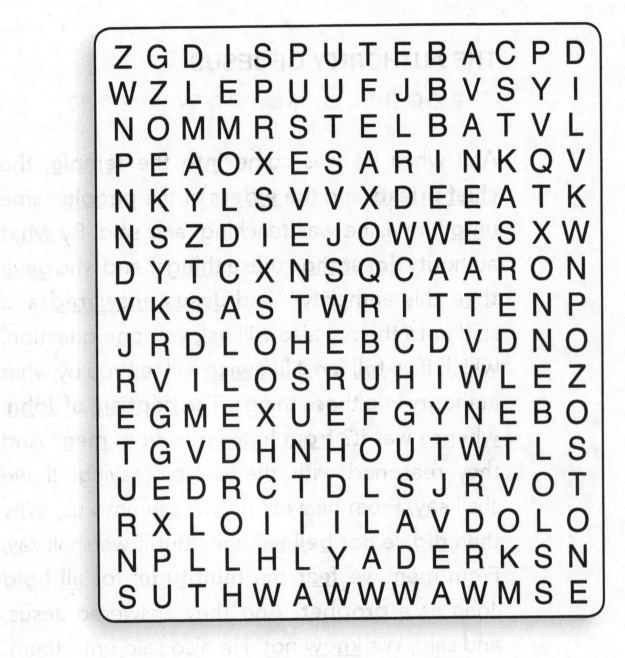

```
Z G D I S P U T E B A C P D
W Z L E P U U F J B V S Y I
N O M M R S T E L B A T V L
P E A O X E S A R I N K Q V
N K Y L S V V X D E E A T K
N S Z D I E J O W W E S X W
D Y T C X N S Q C A A R O N
V K S A S T W R I T T E N P
J R D L O H E B C D V D N O
R V I L O S R U H I W L E Z
E G M E X U E F G Y N E B O
T G V D H N H O U T W T L S
U E D R C T D L S J R V O T
R X L O I I I L A V D O L O
N P L L H L Y A D E R K S N
S U T H W A W W W A W M S E
```

Solution on Page 347

THE AUTHORITY OF JESUS
THE GOSPEL OF MATTHEW 21:23–27

And when he was come **into** the **temple**, the **chief priests** and the **elders** of the **people** came **unto** him as he was teaching, and said, By **what** authority **doest thou** these **things**? and who **gave thee** this authority? And **Jesus answered** and said unto them, I also will **ask** you **one** question, **which** if ye **tell** me, I **likewise** will tell you by what authority I do these things. The **baptism** of **John**, **whence** was it? **from heaven** or from **men**? And they reasoned with themselves, saying, If we shall **say**, From heaven; he will say unto us, Why then **did** ye not **believe** him? But if we shall say, From men; we **fear** the **multitude**; for **all hold** John as a **prophet**. And they answered Jesus, and said, We **know** not. He also said unto them, Neither tell I you by what authority I do these things. (ASV)

```
Y U F T J D Y G Y A L J Q M
E X K H M A W H A T L M N V
J A I U S U S E J V B J E J
F F T Z B E L I E V E F D W
E P A S K D P T S P T T S U
W J O T N U E H I X D H R J
E E Z S R T L I W T U O E X
S L H E A R P N E M U U D E
D B K I F R M G K K R D L M
W L A R O W E S I T E W E W
P E O P L E T H L R S H W P
I M H H T L Y N E V A E H Y
N E C W J I A W T D E N O R
T Z I O F J S F E I H C A D
O R H N A N C M L D S E M F
I N W K A S Z K L J F K G D
```

Solution on Page 347

THE ARK AND DAGON
1 SAMUEL 5:1–4

When the Philistines **captured** the **ark** of **God**, they **brought** it **from Ebenezer** to **Ashdod**. Then the Philistines **took** the ark of God and brought it **into** the house of Dagon and **set** it up **beside** Dagon. And when the **people** of Ashdod rose early the **next day**, **behold**, Dagon had **fallen face** downward on the **ground before** the ark of the **Lord**. So they took Dagon and put him **back** in his **place**. But when they rose early on the next **morning**, behold, Dagon had fallen face downward on the ground before the ark of the Lord, and the **head** of Dagon and **both** his **hands** were **lying cut off** on the **threshold**. **Only** the **trunk** of Dagon was **left** to him. (ESV)

```
B G C P O H F A C E E W E N
C Z T R U N K V A L O F L D
H L U N E X T K P K Z U G O
U E C Y O Z I O T N T E M M
X F A B V U E A U H O H R I
H T S D G N I N R O M T U X
K K H O D L X E E K U O N I
U O D G N T S O D B B B T I
B R O U G H T Z D K E E P U
L E D T O F D Y X H S G K W
D R F L O R A U O Y I Y C T
T A D O O O K L L S D N A H
R W F L R M D N L V E F B D
M F R Q P E O P L E C A L P
A X L Y I N G R O U N D Y N
U P E T N W Q L A O I B D C
```

Solution on Page 348

MOSES FLEES TO MIDIAN
EXODUS 2:11–15

In the course of time Moses **grew** up. Then he **went** to **see** his **own people** and watched them suffering **under forced labor**. He **saw** a **Hebrew**, **one** of his own people, **being** beaten by an Egyptian. He **looked all** around, and when he didn't see anyone, he **beat** the Egyptian to **death** and **hid** the **body** in the sand. When Moses went **there** the **next day**, he saw **two** Hebrew **men** fighting. He **asked** the one who started the **fight**, "Why are you beating another Hebrew?" The **man** asked, "Who made you our **ruler** and **judge**? Are you **going** to **kill** me as you killed the Egyptian?" Then Moses was **afraid** and thought that everyone **knew what** he had done. When **Pharaoh heard** what Moses had done, he **tried** to have him killed. But Moses **fled from** Pharaoh and settled in the **land** of **Midian**. (GW)

```
N R O W N D A N G Y O P O L
B F R W E S M S R X I A W J
E N F A M L L I K W H A T Z
W H T F O R C E D E K O O L
H H O R A A R L A I D E L F
V H M A Z M O R F D A G W R
O T I I R D D N O N E N A N
W F W D B A B G T H G I F E
Q Q L Q W Y H K S D D E R X
M J F A E E H P S M U B Y T
T O S T B T N T E O J M A N
O O W R A O S K G O I N G E
H L E E Y E R E H T P L H W
F W A D R O B E E R U L E R
W J O N W G Y B J H H A E L
P B F U D V J T T W E X E Q
```

Solution on Page 348

THE FOUR CHARIOTS

ZECHARIAH 6:2–8

The **first** **chariot** had **red** **horses**. The **second** had **black** horses. The **third** had **white** horses. And the fourth had **strong**, **spotted** horses. I **asked** the **angel** who was **speaking** with me, "What do **these** horses **mean**, sir?" The angel answered, "They are the four spirits of **heaven**. They are **going** **out** **after** **standing** in the presence of the **Lord** of the **whole** **earth**. The chariot with the black horses is going **toward** the **north**, and the white horses are **following** them. The spotted **ones** are going toward the south." When these strong horses **went** out, they were **eager** to **patrol** the earth. He **said**, "Go, patrol the earth!" And they patrolled the earth. Then he **called** out to me, "Look! **Those** who went to the north have **made** my **Spirit** rest in the north." (GW)

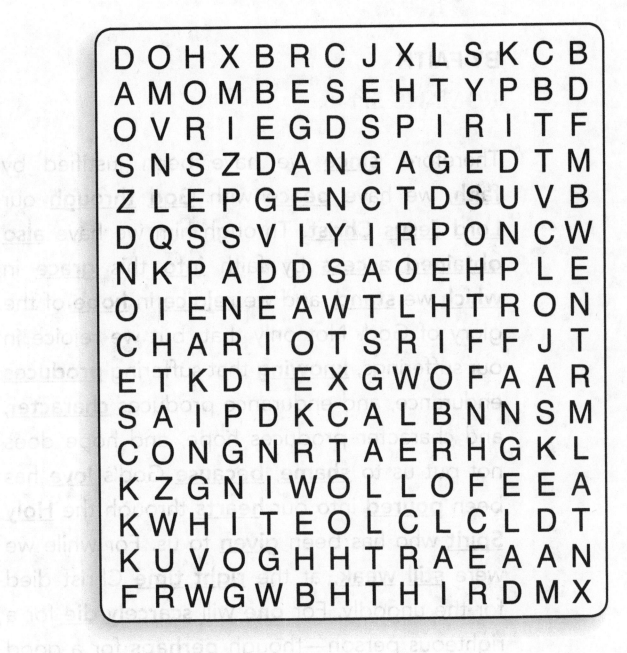

```
D O H X B R C J X L S K C B
A M O M B E S E H T Y P B D
O V R I E G D S P I R I T F
S N S Z D A N G A G E D T M
Z L E P G E N C T D S U V B
D Q S S V I Y I R P O N C W
N K P A D D S A O E H P L E
O I E N E A W T L H T R O N
C H A R I O T S R I F F J T
E T K D T E X G W O F A A R
S A I P D K C A L B N N S M
C O N G N R T A E R H G K L
K Z G N I W O L L O F E E A
K W H I T E O L C L C L D T
K U V O G H H T R A E A A N
F R W G W B H T H I R D M X
```

Solution on Page 348

BY FAITH

ROMANS 5:1–8

Therefore, **since** we have been justified by **faith**, we have **peace** with **God through** our **Lord Jesus Christ**. Through him we have **also obtained access** by faith **into** this **grace** in **which** we **stand**, and we **rejoice** in **hope** of the glory of God. Not only that, but we rejoice in our sufferings, **knowing** that suffering **produces** endurance, and endurance produces **character**, and character produces hope, and hope does not put us to **shame**, **because** God's **love** has been **poured** into our **hearts** through the **Holy Spirit** who has been **given** to us. For while we were **still weak**, at the **right time** Christ died for the ungodly. For **one** will **scarcely die** for a righteous person—though **perhaps** for a good person one **would dare even** to die—but God **shows** his love for us in that while we were still sinners, Christ died for us. (ESV)

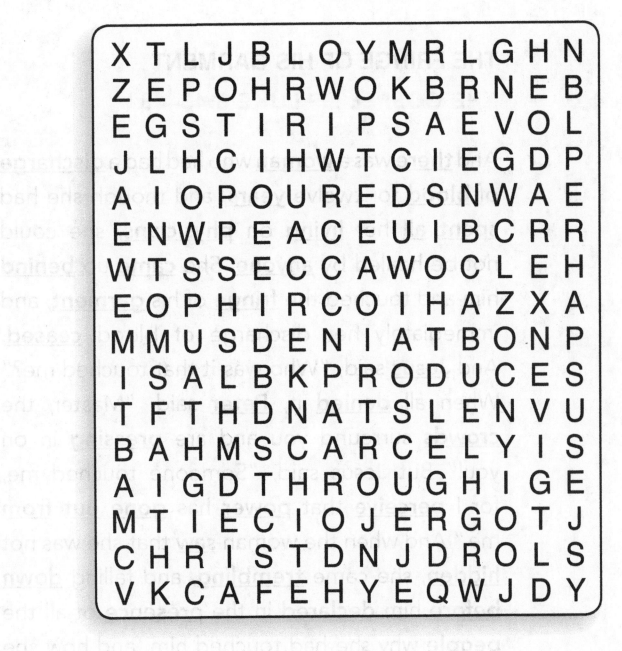

```
X T L J B L O Y M R L G H N
Z E P O H R W O K B R N E B
E G S T I R I P S A E V O L
J L H C I H W T C I E G D P
A I O P O U R E D S N W A E
E N W P E A C E U I B C R R
W T S S E C C A W O C L E H
E O P H I R C O I H A Z X A
M M U S D E N I A T B O N P
I S A L B K P R O D U C E S
T F T H D N A T S L E N V U
B A H M S C A R C E L Y I S
A I G D T H R O U G H I G E
M T I E C I O J E R G O T J
C H R I S T D N J D R O L S
V K C A F E H Y E Q W J D Y
```

Solution on Page 348

THE FRINGE OF HIS GARMENT
THE GOSPEL OF LUKE 8:43–48

And **there** was a **woman** who had had a **discharge** of **blood** for twelve **years**, and though she had **spent** **all** her **living** on **physicians**, she could not be healed by **anyone**. She **came** up **behind** him and touched the **fringe** of his **garment**, and immediately her discharge of blood **ceased**. And **Jesus** said, "Who was it that touched me?" When all **denied** it, **Peter** said, "Master, the **crowds** surround you and are **pressing** in on you!" But Jesus said, "Someone touched me, for I **perceive** that **power** has **gone** **out** **from** me." And when the woman **saw** that she was not **hidden**, she came **trembling**, and falling **down** **before** him **declared** in the **presence** of all the **people** why she had touched him, and how she had been immediately healed. And he said to her, "Daughter, your **faith** has **made** you **well**; go in peace." (ESV)

```
H L V Y D S O H F C D B N E
T G L E B O U R I E O Y W P
R N P A P D O S C D X U O S
H I E R E M D L E Y D W D O
E S X S F W A E B J E E G U
M S A T O R E G A R M E N T
A E T R E M B L I N G L I N
C R C D U Z F C L R X P V M
E P H Y S I C I A N S O I G
R R E W F B E H I N D E L H
E E A R U A C E G E N P T A
H S T C C S F I G O R I N Y
T E N E I E E N G C A Y K M
I N E D P G I B E F O R E D
I C P V Q R Y V I N A M O W
H E S P F M A D E N I E D Z
```

Solution on Page 349

THE FAMINE

GENESIS 41:53–57

The seven years of plenty that **occurred** in the **land** of **Egypt** **came** to an **end**, and the seven years of **famine** **began** to **come**, as **Joseph** had **said**. **There** was famine in **all** lands, but in all the land of Egypt there was **bread**. When all the land of Egypt was famished, the **people** **cried** to **Pharaoh** for bread. Pharaoh said to all the Egyptians, "Go to Joseph. **What** he **says** to you, do." So when the famine had **spread** **over** all the land, Joseph opened all the storehouses and **sold** to the Egyptians, for the famine was **severe** in the land of Egypt. Moreover, all the **earth** came to Egypt to Joseph to **buy** **grain**, **because** the famine was severe over all the earth. (ESV)

```
W O A B X C F I Y A Z U N G
L I C P M L S D Z S T J O C
Y S V C H P E S O J V I U P
F U E S U A C E B D N T S F
V E W C N R R H N A N E I L
G R R K T D R A G I G E Y N
M Z P E O P L E O T M Y I C
V L M H V L B M D H I A R J
P T P Y G E O A M A R I F J
P K D Y R M S C B G E B Z D
T Y D E Y O W Y F D R R E I
L C H Z M I S H T R A E P A
S T C O G O R K A L L A V S
V M P J L X C S Y T K D A O
C J G D N B I Q B U W Y U B
W B U M X F P N A V S N M K
```

Solution on Page 349

OFFERINGS

LEVITICUS 3:12–16

If his offering is a **goat**, then he shall **offer** it **before** the LORD and **lay** his **hand** on its **head** and **kill** it in front of the **tent** of **meeting**, and the **sons** of **Aaron** shall **throw** its **blood** **against** the **sides** of the altar. Then he shall offer **from** it, as his offering for a **food** offering to the LORD, the **fat** **covering** the **entrails** and **all** the fat that is on the entrails and the **two** **kidneys** with the fat that is on them at the **loins** and the **long** **lobe** of the **liver** that he shall remove with the kidneys. And the **priest** shall **burn** them on the altar as a food offering with a **pleasing** aroma. All fat is the LORD's. (ESV)

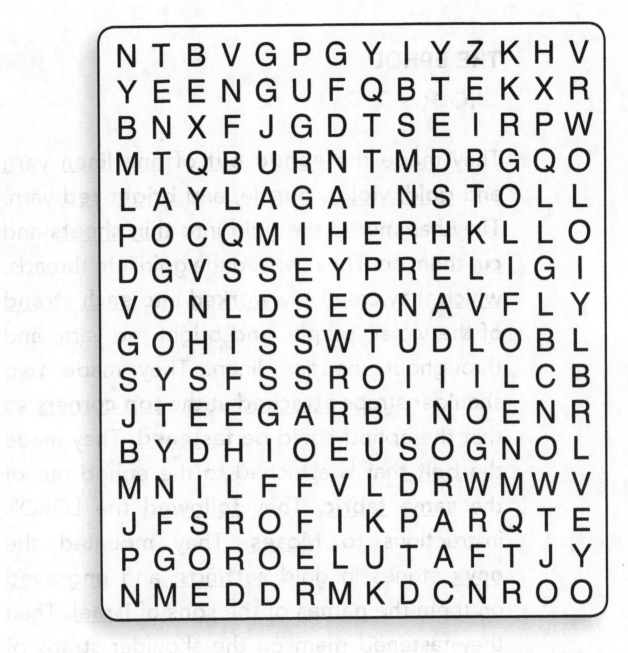

```
N T B V G P G Y I Y Z K H V
Y E E N G U F Q B T E K X R
B N X F J G D T S E I R P W
M T Q B U R N T M D B G Q O
O L A Y L A G A I N S T O L
P O C Q M I H E R H K L L O
D G V S S E Y P R E L I G I
V O N L D S E O N A V F L Y
G O H I S S W T U D L O B L
S Y S F S S R O I I I L C B
J T E E G A R B I N O E N R
B Y D H I O E U S O G N O L
M N I L F F V L D R W M W V
J F S R O F I K P A R Q T E
P G O R O E L U T A F T J Y
N M E D D R M K D C N R O O
```

Solution on Page 349

THE EPHOD

EXODUS 39:2–7

They **made** the **ephod** **out** of **fine** **linen** **yarn** and **gold**, **violet**, **purple**, and **bright** **red** yarn. They hammered the gold into **thin** **sheets** and **cut** them up. They twisted the gold into threads, **which** they creatively **worked** into **each** **strand** of the violet, purple, and bright red yarn, and throughout the fine linen. They made **two** shoulder straps **attached** at the **top** **corners** so that the ephod could be **fastened**. They made the **belt** that is attached to the ephod out of the **same** **fabric**. They **followed** the LORD's instructions to **Moses**. They mounted the **onyx** stones in gold **settings**, and **engraved** on them the **names** of the **sons** of **Israel**. Then they fastened them on the shoulder straps of the ephod as a reminder of who the Israelites are. They followed the LORD's instructions to Moses. (GW)

D S R T N J F B C R N H M J
Y E O R R A M I Z T U O T M
D J K N B U H M O D S W W T
H L O R S R V S R E N R O C
J K I T O G I E S H M P M B
W C U N Q W N G Y C L K O E
Q N S V E I L I H A S I N L
F G X I F N I H T T R G Y T
C H O O S S J D E T R N X Q
T F O L L O W E D A E I M S
S E J E D Z H N V J Z S K N
S A P T W S V E E L P R U P
J C S H U F D T A G W A I M
J H I A O A W S N A M E S H
H C U T M D N A R T S L F Y
H D Q T F E D F A J N D L G

Solution on Page 349

THE FIRST-BORN

EXODUS 11:4–8

And **Moses** **said**, Thus saith **Jehovah**, About midnight will I go **out** **into** the **midst** of **Egypt**: and **all** the first-born in the **land** of Egypt shall **die**, **from** the first-born of **Pharaoh** that sitteth **upon** his throne, **even** **unto** the first-born of the maid-servant that is **behind** the **mill**; and all the first-born of **cattle**. And there shall be a **great** **cry** throughout all the land of Egypt, **such** as there hath not been, **nor** shall be any more. But **against** any of the **children** of **Israel** shall not a **dog** **move** his **tongue**, against **man** or **beast**: that ye may know how that Jehovah doth make a distinction **between** the Egyptians and Israel. And all these **thy** **servants** shall **come** down unto me, and **bow** down themselves unto me, **saying**, Get thee out, and all the **people** that **follow** thee: and **after** that I will go out. (ASV)

```
L A Z W T S A E B P J S O J
R M O S E S T N S H Q Y V S
M B D N A L T N F V N X B P
J I A A P H A R A O H U N J
M E L M M U E G R V L E P U
L F H L A T R S O E R L H L
M X C O F G G L A D M E O G
K R U A V L A R L I V O S W
Y V S Y E A S I T E D E C H
H W Z G W I H D N I H E B R
T L Y M A C N E Z S O L W W
N P E O P L E V N A T T V W
T I X R S W L O W Y N T N E
D U D F T B P M T I I A U U
H A T E Q U N Z I N Y C W O
P P B P L K H E U G N O T D
```

Solution on Page 350

CONSIDER THE ANT

PROVERBS 6:1–8

My **son**, if you have put up **security** for **your neighbor**, have given your pledge for a stranger, if you are **snared** in the **words** of your **mouth**, **caught** in the words of your mouth, then do this, my son, and **save** yourself, for you have **come into** the hand of your neighbor: go, **hasten**, and **plead urgently** with your neighbor. **Give** your **eyes** no **sleep** and your eyelids no **slumber**; save yourself like a **gazelle from** the hand of the **hunter**, like a **bird** from the hand of the **fowler**. Go to the **ant**, O **sluggard**; **consider** her **ways**, and be **wise**. **Without having** any **chief**, **officer**, or **ruler**, she **prepares** her **bread** in **summer** and **gathers** her **food** in **harvest**. (ESV)

```
K T H K H R O Q J B D E O R
E Q A H T U T S U G M E F E
B W V A U L N P S O N M F M
E A I S O E I T R M H O I M
R S N T M R N F E I H C C U
E G G E H W Y T I R U C E S
B A W N F O W L E R T O R H
M Z E V A S U Q M L Y N W A
U E U R G E N T L Y O S A R
L L G A C R N F P B U I Y V
S L U G G A R D W O R D S E
N E Y S P P U G A T H E R S
A B E L N E I G H B O R A T
R Y E V R R E R H N B I R D
E A Z O I P M L V T X L E J
D O O F S G W I S E O T K D
```

Solution on Page 350

ALWAYS SEEK HIS PRESENCE
PSALMS 105:1–10

Give thanks to the LORD. Call on him. Make known among the nations what he has done. Sing to him. Make music to praise him. Meditate on all the miracles he has performed. Brag about his holy name. Let the hearts of those who seek the LORD rejoice. Search for the LORD and his strength. Always seek his presence. Remember the miracles he performed, the amazing things he did, and the judgments he pronounced, you descendants of his servant Abraham, you descendants of Jacob, his chosen ones. He is the LORD our God. His judgments are pronounced throughout the earth. He always remembers his promise, the word that he commanded for a thousand generations, the promise that he made to Abraham, and his sworn oath to Isaac. He confirmed it as a law for Jacob, as an everlasting promise to Israel. (GW)

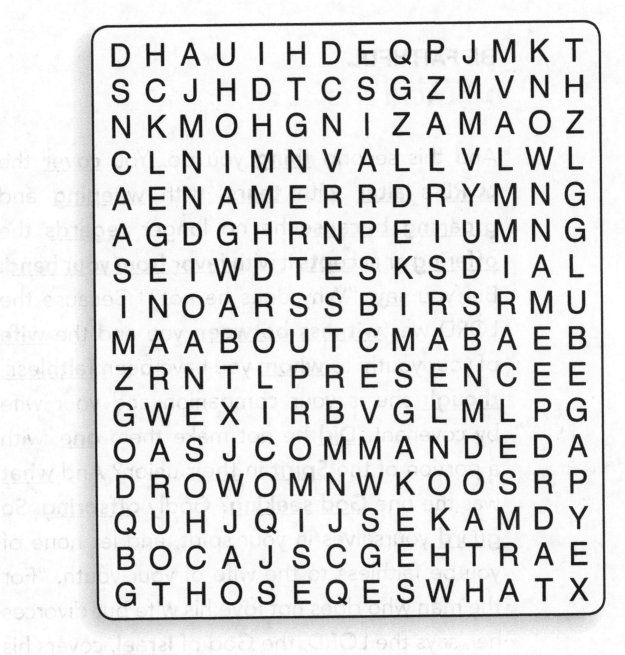

```
D H A U I H D E Q P J M K T
S C J H D T C S G Z M V N H
N K M O H G N I Z A M A O Z
C L N I M N V A L L V L W L
A E N A M E R R D R Y M N G
A G D G H R N P E I U M N G
S E I W D T E S K S D I A L
I N O A R S S B I R S R M U
M A A B O U T C M A B A E B
Z R N T L P R E S E N C E E
G W E X I R B V G L M L P G
O A S J C O M M A N D E D A
D R O W O M N W K O O S R P
Q U H J Q I J S E K A M D Y
B O C A J S C G E H T R A E
G T H O S E Q E S W H A T X
```

Solution on Page 350

BE FAITHFUL
MALACHI 2:13–16

And this second **thing** you do. You **cover** the **LORD**'s **altar** with **tears**, with **weeping** and **groaning** **because** he no longer **regards** the **offering** or **accepts** it with **favor** **from** **your** **hand**. But you **say**, "Why does he not?" Because the LORD was **witness** **between** you and the **wife** of your youth, to **whom** you have been **faithless**, **though** she is your companion and your wife by covenant. **Did** he not make them **one**, with a portion of the **Spirit** in **their** union? And **what** was the one **God** **seeking**? Godly **offspring**. So **guard** yourselves in your spirit, and let none of you be faithless to the wife of your youth. "For the **man** who does not **love** his wife but divorces her, says the LORD, the God of **Israel**, covers his **garment** with **violence**, says the LORD of **hosts**. So guard yourselves in your spirit, and do not be faithless." (ESV)

```
F R T E N O I I W X T N G G
Z I S R A E L W H R U N A G
U E G D H O E E A S I R N P
A H N I R V S W T H M I Y B
H T I D O U S P T E K A W W
B D P L A A E C N E L O I V
H V E C Y C L T E T B F T X
G F E Q C T H S A V E G N X
U B W A S F T R D P N R E W
O F F S P R I N G I E P S N
H Y G N I N A O R G A P S F
T F A M P H F E A E I L C V
G U A R D K F R T R V F M L
B N U V H F D U I N R O K L
G O D T O S S T S O H N C V
Y G K Z Y R S Z M W S E A Y
```

Solution on Page 350

CAIN KILLS ABEL
GENESIS 4:3–8

And in **process** of **time** it **came** to **pass**, that **Cain** **brought** of the **fruit** of the **ground** an **offering** **unto** the LORD. And **Abel**, he **also** brought of the **firstlings** of his **flock** and of the **fat** thereof. And the LORD had **respect** unto Abel and to his offering: But unto Cain and to his offering he had not respect. And Cain was very wroth, and his countenance **fell**. And the LORD said unto Cain, Why **art** thou wroth? and why is **thy** countenance fallen? If thou **doest** **well**, shalt thou not be **accepted**? and if thou doest not well, **sin** lieth at the **door**. And unto thee **shall** be his desire, and thou shalt **rule** **over** him. And Cain **talked** with Abel his brother: and it came to pass, when they were in the **field**, that Cain **rose** up **against** Abel his brother, and **slew** him. (KJV)

```
H S P B L L E W C K O Y F W
X R J T F S F A T R T Q J T
V V A V O E E B T F N T V B
B M M R S S L G R O U N D M
I V Y H T T L U C O V W P O
F C G Y X E I A R V U E A M
M U Z Y P T M B J G H G R K
A P U T P E U E Q N A N H K
W C V I R F D L E I F T I T
B E C M R U Z U N R L C L S
N C T E P A S S H E O E L E
X C A A P S T O N F C P A O
S G N I L T S R I F K S H D
D X Z E N K E P R O C E S S
U C W C L O E D O O R R V M
R Y P F D L A D B K J F A R
```

Solution on Page 351

WATER BECOMES WINE
THE GOSPEL OF JOHN 2:1–9

Three **days** **later** a wedding **took** **place** in the **city** of **Cana** in **Galilee**. **Jesus'** mother was **there**. Jesus and his disciples had been **invited** too. When the **wine** was **gone**, Jesus' mother **said** to him, "They're **out** of wine." Jesus said to her, "Why **did** you **come** to me? My **time** has not yet come." His mother **told** the **servers**, "Do **whatever** he **tells** you." **Six stone water** jars were there. They were **used** for **Jewish** purification **rituals**. **Each** **jar** **held** 18 to 27 **gallons**. Jesus told the servers, "Fill the jars with water." The servers **filled** the jars to the **brim**. Jesus said to them, "Pour **some**, and **take** it to the **person** in **charge**." The servers did as they were told. The person in charge **tasted** the water that had become wine. (GW)

```
U M C H A R G E M O S T O Q
Z I T E M I T O H C A E S H
L R T Y W T Z E Y K E N I W
M D O O Y U C G E J D O X K
S N O L L A G Z M E G T S D
X A K F L L A P L W R S K I
U S W P J S L L M I U H B A
X I F H B R I M T S O U T S
O R C R A F L H E H T W R R
J S I E Y T E J P I G E Q W
N W T T D R E V N F V O A T
Z O Y A E M D V R R K T N Z
H D S L S J I A E P E X A E
H E I R U T B S Y R Y M C Q
T O L D E T E L L S A D O L
Z P C D Y P I D S W Y J H C
```

Solution on Page 351

Answers

J R A R Y K Q M S T G W H D
E S O U L M L L E P O Y O W
R V R M L B O E F R O E H T
S Z U C O O W U D I D I N N
S B M N F S L X T G C O L T
F D E A T H Y Y W H O S O Q
B S L T N O W B P T W L H G
M L G D T B T I B P H L E W
W V C Y C E I Q S E A A S B
F O A S R F R G O E T H T C
K W L D T O I I Y R E S D H
E R L I D R P V D A D N Q T
P N E V U E S E R R I E H T
B G D I O B T T T F R B E Y
U A Q D R K S H L I P S E D
L I F E P O O R W W N U D K

PRIDE GOETH BEFORE DESTRUCTION

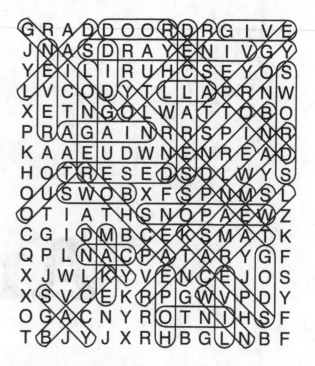

WIN HER BACK

FELLOW HEIRS WITH CHRIST

SMOOTH TALK

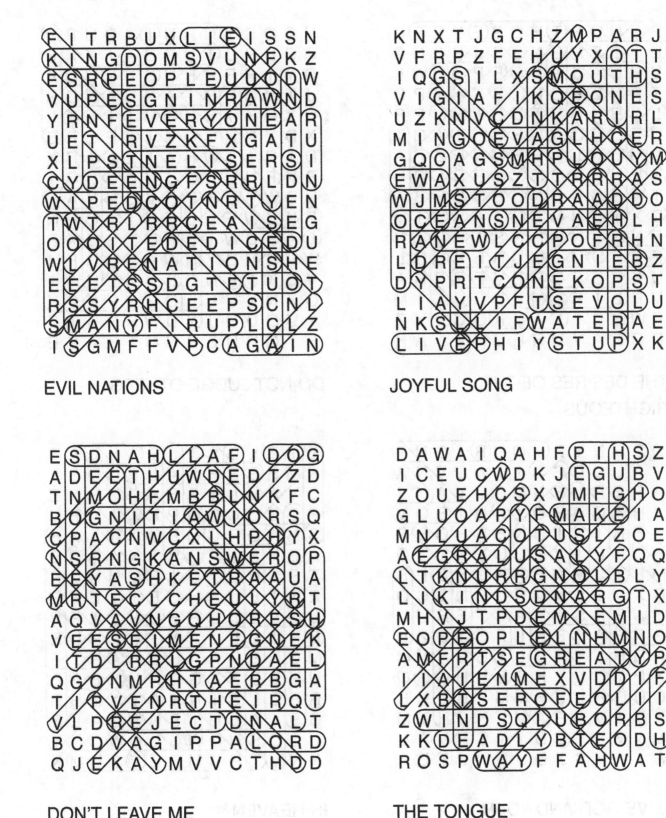

EVIL NATIONS

JOYFUL SONG

DON'T LEAVE ME

THE TONGUE

THE DESIRES OF THE RIGHTEOUS

DO NOT JUDGE OTHERS

LOVE GOD AND YOUR NEIGHBOR

IN HEAVEN

316

CROWDS FOLLOW JESUS

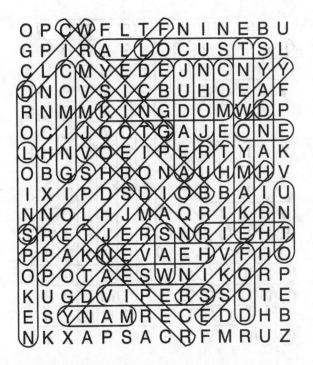

THE KINGDOM OF
HEAVEN IS AT HAND

A GENTLE TONGUE

A LAME MAN WALKS

CHRIST LIVING IN ME

ON A WHITE HORSE

JESUS PERFORMS MIRACLES

HE CHOSE US

HEAR MY WORDS

GOING HOME

PAY YOUR DEBTS

COUNT THE STARS

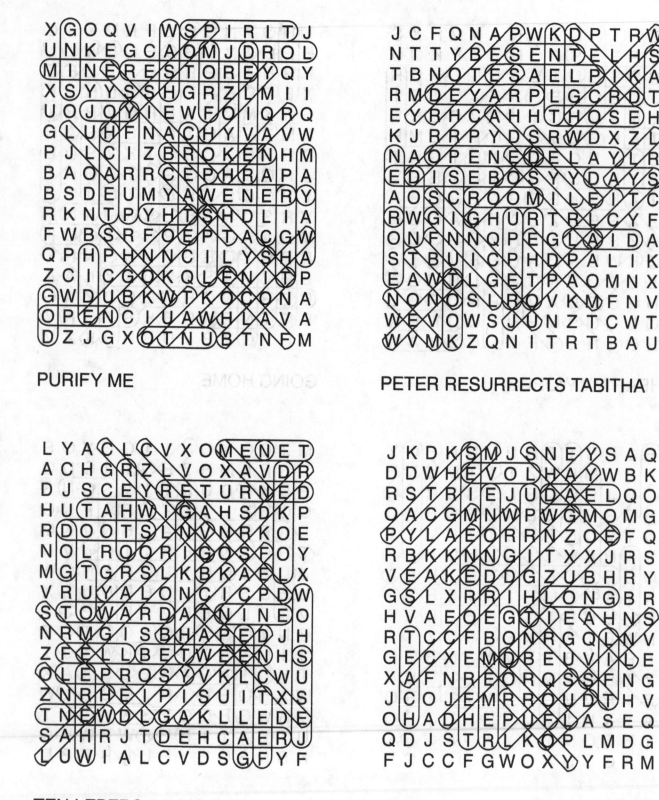

PURIFY ME

PETER RESURRECTS TABITHA

TEN LEPERS

MAKE ME TO KNOW
YOUR WAYS

STOP DOUBTING

**THE VALUE OF
KNOWING CHRIST**

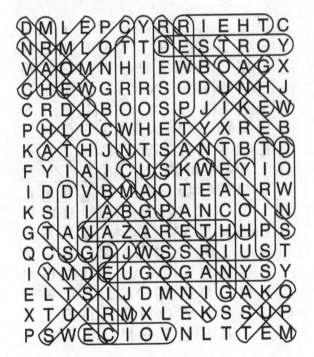

**THE SCROLL WITH
SEVEN SEALS**

JESUS EXPELS A DEMON

CLOTHED IN WHITE ROBES

FREED FROM THE
POWER OF SIN

FOLLOW ME

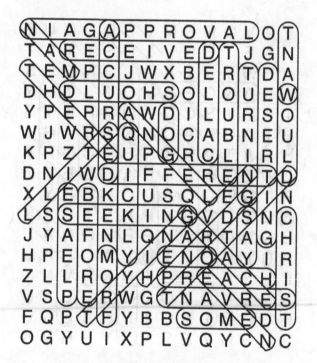

A DIFFERENT GOSPEL

THE BLESSING OF THE LORD

HAIL STORM

A RIB MADE INTO A WOMAN

THE RIGHTEOUS ESCAPE

JESUS CRIED OUT

YOUR FATHER KNOWS
WHAT YOU NEED

CONSIDER JOB

KNOW THE TRUTH

GOD BLESSES JUDAH

BE PATIENT

ALL IS YOURS

THE HOLY SPIRIT COMES

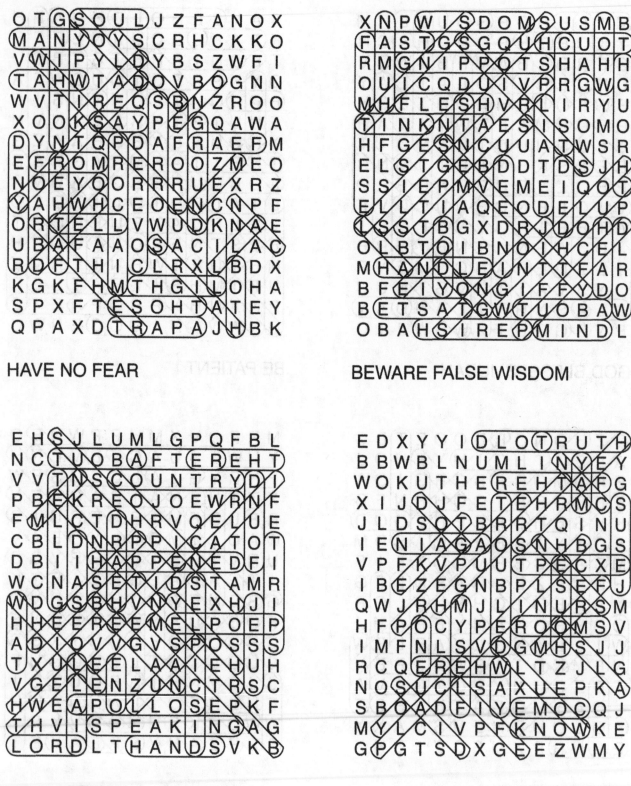

HAVE NO FEAR

BEWARE FALSE WISDOM

PAUL SPEAKS IN EPHESUS

MANY ROOMS

YOU WILL DENY ME

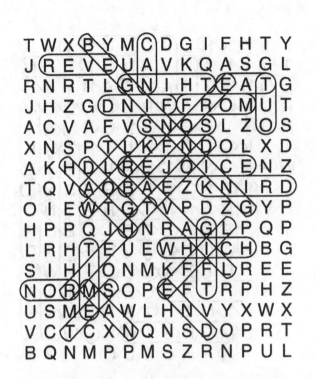

WHAT GOD HAS DONE

PRAISE THE LORD

**TOGETHER IN
HEAVENLY PLACES**

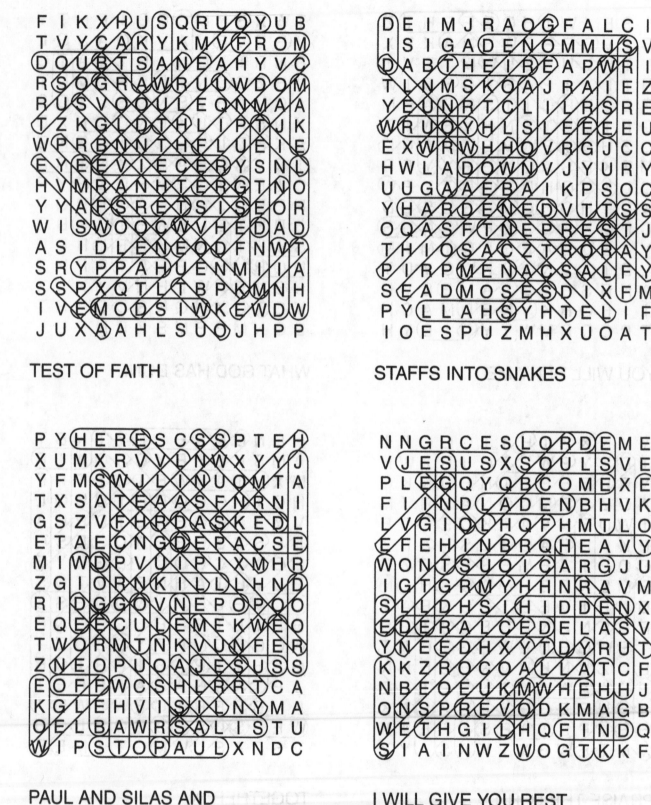

TEST OF FAITH

STAFFS INTO SNAKES

PAUL AND SILAS AND
THE JAILER

I WILL GIVE YOU REST

328

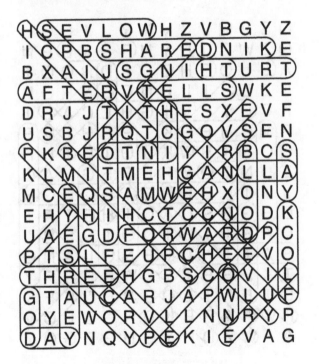

THE LAMB BREAKS THE SEVENTH SEAL

CHRIST OUR ADVOCATE

PAY ATTENTION!

PRINCE OF PEACE

PAUL GOES TO THE GENTILES

COMMANDED TO LOVE

THE BOOK OF LIFE

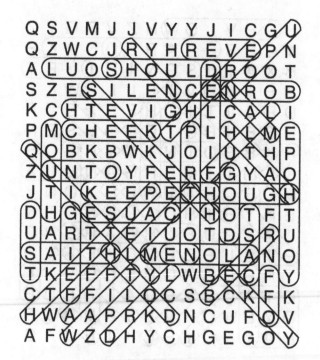

THE LORD IS GOOD

330

THE APOSTLES ARE BEATEN

ONE MIGHTIER THAN I COMETH

THY WONDERFUL WORKS

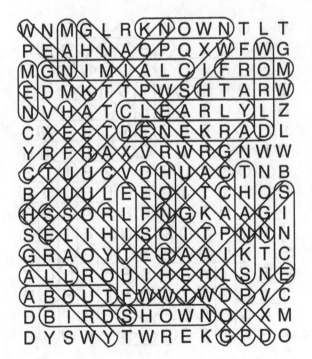

THE WRATH OF GOD
AGAINST UNGODLINESS

Answers ▶ **331**

```
T T D P H R A I E H E U V E
U L N R E T S L X X N R X M
M Y I S A R M B R D O C O G
R D W A G N I K A E R B F J
I E V I N T O S D L A B E Q
W K H D I H D Q H L R D P Y
E O D C V I T W K I R G Y T
D W B R A P L I O F N Z X N
Z B K R E E C S A R C G B Y
H O F C L B T C S F C L M G
H A S D S I U E L R G L K G
Z T O I L E B K E R A T F P
X A P L X A V H E C A E P K
F W T J U S T A P D A E S A
J Z F K O O T P W R Z R Q V
S W B R E Q Y X Q F E V E N
```

JESUS CALMS THE WATERS

```
N B H U Y S A B Y A W T W V
H C T Z E Q Y D N A T S A J
M H O E M X I P S S D T O Y
Y U K E R O V V B R S S L I
P X F F K A H R E M R O F M
J C O C D K P F F L R H A W
N J E W E S I E O D U T N P
Q E E U H N M M R K A G I J
O O Y R E Q U O E P V N D S
P X F H U S M C P U R I F Y
X Y F F N S E E Y E A R S A
P C O V E N A N T D I B V S
B A M R D R Y L N E D D U S
Z N I U S R I E E L P M E T
Y F R Q E R S N O M T Y T S
U E U R N G T H G I L E D M
```

THE MESSENGER

```
D J G Y Q B W P L A T R Z N
C O Y J V A T H R O U G H S
B S G N I H T E O O N Y L Q
G N O R T S H T Y M H G A I
B I Q O I T H F W J E S U S
V S P R E A D I N G R O W N
O K H G N I L G A B O U T H
Y C O K K L Z R V Z E T T E
P T B Y I J U S Q B R I N G
I S A N T O P E P H A S N O
S R G K C O M E U F E I E G
P I K N O W S X T E R V E C
W F E I X F A S S W E N D X
Y A D G W Y T R A L V H S R
E R N H A C H E L P O T O K
K B N T Z G C A N P K W N F
```

I PRAY FOR YOU

```
Z J E A L O U S Y E U N T O
B S P E A K A P O L L O S H
T D P A U L N E O B V O I T
K L I M T A Y W D A S K R E
Z M V K I W T H R O U G H V
C H M A R N H O O V C O C I
S M S O I M I M L O G D N G
Z B A Y P P N S U E A C H V
H Z I N S Q G L T N R A E B
L G T N N I D W H E R E A S
G A H E A E E F A R R A W O
R V V M F Y R S B H F S T I
O E N O H R E D E T N A L P
X S P J T N T O E E R E H T
Q N W H Z I A R D R G J C T
H E I T A H W B A B E S X J
```

FED WITH MILK

**THE PHARISEE AND THE
TAX COLLECTOR**

THE SIXTH SEAL

WEALTHY PEOPLE

THE CONVERSION OF SAUL

HH(Y)ZYMKMF(E)HSAA
CE(A)SYWBDMOUGEE
YMWZTRHIWHDLTW
(S)YAWLATNESPOUT)
(I)GKEJPNAVOJRRJ
(S)TNLZPRDEBKYXC
(T)FEIFE(S)PIRTS)US
(E)VWJHOSNLNDDLK
(R)KZTNTHCEEGTXU
(K)AOANFHOBNDEE
(S)LHOEFWMTOILCS
(C)AME(TEREHTAL)FV
QRTETJDDMSSYCI
SPIREJ(FACE)LWRM
(SUSEJ)MNUEYANLQ
B(DAED)(IED)CEKZPD

JESUS RAISES LAZARUS
FROM THE DEAD

OVE(RONOHS)J(ROCK)
(THOSE)EJRUTYHLF
T(SH)GUORHTMOYIA
YNSNNLEDLSANZO
DTVOSIMYEIDNET
HDHLSUYNPSVRSN
BSYECTOAPEUIOI
OUIBRZPILBRFNW
FSICIERECHDSEG
EELPIFMCEROR
EJFSTETOTCRDCN
RQTUUUCRNAPGO
SYASRAEPDEDNE
YLOHEJCDOVIRAZ
HBIBELIEVESUOH
U(EGRAL)XGBRPIRT

LIVING STONE

AMFMCN(J)FWR(N)NKF
FZH(GIVE)MRAWGKZ
WUJHCAUSEOBKYO
JJTHVFULHAMSBE
RIRISFCZTBMLRP
WSASREHTAFVOIL
(PEEK)PILFGMRDNU
VOHTRPPFKDOIGG
NMVUULISIGITUO
FGBDITTNATIONS
GLNGYVAWKNBZFI
XAUPONATELPOEP
LSVLCYOWSRETAW
RLLEWDETDMEABC
IASZPBIJSOWKQG
QDEZERTXRSTEKI

I WILL PUT MY SPIRIT
WITHIN YOU

TPLRCJC(TPEK)IMG
(ENOG)VHXJTAKKVZ
EXRIOWOUADIASE
ZMDVRUCSHALLFA
YPAERETAERGSRA
RTINSJHIYNROUM
PRNRVUOTLNEPIT
QZEANYAMOSHEHL
CPDTVRJCKTEHIL
RTOHTROFEAAKIX
XUPWJQEUHBFGN
HODZNCXSAYINGQ
ZNZLSYIRAFDISU
LZWSUEDFDLORDC
GZNPNIFHPLTBOP
MUCAVQWATNKNZW

GO AND BRING FORTH FRUIT

334

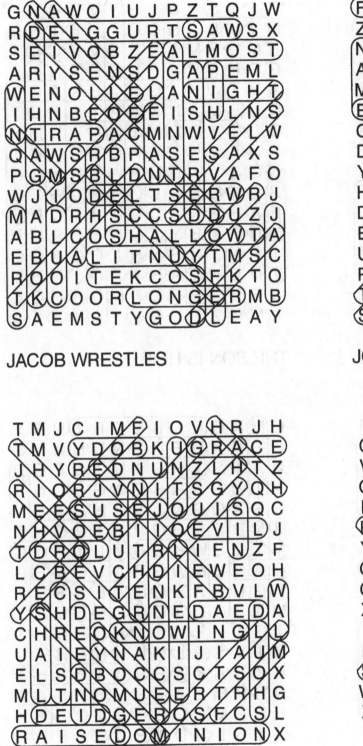

```
G N A W O I U J P Z T Q J W
R D E L G G U R T S A W S X
S E I V O B Z E A L M O S T
A R Y S E N S D G A P E M L
W E N O L L E L A N I G H T
I H N B E O E E I S H L N S
N T R A P A C M N W E L W
Q A W S R B P A S E S A X S
P G M S B L D N T R V A F O
W J I O D E L T S E R W R J
M A D R H S C C S D D U Z J
A B L C O S H A L L O W T A
E B U A L I T N U Y T M S C
R O O I T E K C O S F K T O
T K C O O R L O N G E R M B
S A E M S T Y G O D L E A Y
```

JACOB WRESTLES

```
F E L L U U A B J W M A G S
Z Z P L Q O D N I W B V H Y
N I H I A I O D O G Y N C K
A B E T A I M M G Q H A Y D
M R D S D Q B O J R H A W F
E V A G U Q X D C Z B R R Z
C J S R P O S X T A Y O U R
D F E I R G H O H P V B H K
Y U R T A I A L E A V E R K
H K O R I K V D I D A D S S
D M S N S H E E R D H R T T
E G W E A D S D N U O R G
U P E U F W E T F T O L M J
R P N R T A K E N D E A D E
T I H S O Y A Q W B O L R S
S X W H A T N C B Q C F L F
```

JOB DID NOT SIN

```
T M J C I M F I O V H R J H
T M V Y D O B K U G R A C E
J H Y R E D N U N Z L H T Z
R I O R J V N I T S G Y Q H
M E E S U S E J O U I S Q C
N H V O E B I I O E V I L J
T D R O L U T R L I F N Z F
L C B E V C H D I E W E O H
R E C S I T E N K F B V L W
Y S H D E G R N E D A E D A
C H R E O K N O W I N G L L
U A I E Y N A K I J I A U M
E L S D B O C C S C T S O X
M L T N O M U E E R T R H G
H D E I D G E R O S F C S L
R A I S E D O M I N I O N X
```

ALIVE TO GOD

```
I A S H F R N B O E R W U I
C V H U L T B D Q T S U M C
V Y Y S Y I V K O T D K H P
O A H X A N F E A A N R P K
L D K H X B O E C N I S Z H
B R O C S F O O D S K S X P
Y O X M A A N O T H E R L J
O L T M O B S E R V E M L K
G X T H A N K S L O H V A D
X N Z E L P O E P O N Z I C
I Q M K W G S D L W L E A L
L A T A O R C I Y N V D V T
S H J M U C E C Z R X B K P
W L M O L B R E H T E H W A
Z H I T D B Y D O G I V E R
L K X G I U C G K O X B E C
```

WE HONOR THE LORD

A CORPSE IN THE WILDERNESS

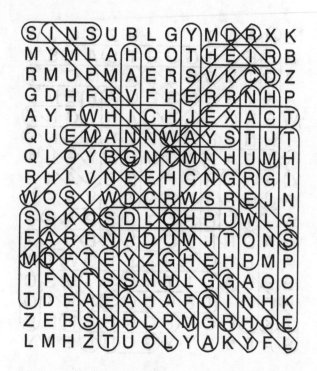

THE SON IS HEIR

THE DESTRUCTION
OF JERUSALEM

COSTLY OINTMENT

A NEW LIFE

```
I R A B F W P S L C I E U T
O Q E S E C A R G C G D H H
P N T H I N G S D E V A S L
W U C I T Y M G H J T Q J A
Q A T E R O N D W E N W T D
E V R X H I F E D S D O V A
N O P U O W P L Y U T F L E
V Y Q D T R U S T S D S L V
Y S J N O X E I X I E P U I
L I A S G G T M G N V V F L
T W I E L N S N A S O H O A
L D Y V T S I R H C T M P L
M E T A E Y S V B R E F I L
A V W L A S N L I R B B X I
N A L S Z I I B C G A T E O
Y G Q U H O L Y M H L X Y P
```

A FOOLISH SON

```
M E R R Y C K O A R G P J G
R X A D Y D U E T B Q D T F
S P I R I T K G R E Y E S S
B G I F T I I O G F O O L P
J T J I R H K W O Z H H A R
P F A T H E R O Q R T Q S E
Z E S A N S R H T E I R D E
W I C K E D J U D G M E N T
A R G E S N B L U E M G R H
Y G J T X E O A H E C E W E
S D S H N H N T E I V A V V
B U T B A R E T J R N E E C
J A T J N O S S E C N I R P
H G O O D E P P U N I S H W
D Y R E S I W X X A U V R H
O I F O L Z V H H M G U I O
```

FLESH AND BLOOD

```
E L B A N P H F V O X A B Q
M E R C I F U L R D O O L B
O C E P M A K E A E D I D L
C A V S S I D U T S E I R P
E E O I T T G B A T A K Q W
B P N S A H K E V R E S V Z
V S R T T F Y C F O E W T H
D C C E Y U W A Y Y C W H E
V M R R S L D M K O O T O L
W S D S D E R E F F U S S P
B D L Y O E N O T T L H E X
X L F E I H C C Q P D T F F
G U I N G N Y C E O M A L V
P O U V F N G H S U S E J X
U W D S E V A L S Q S D T Z
N V U O L S R I E H T M Z Z
```

A RICH MAN

```
B Y W K B Q J C V X N S I E
A X T R L E R U O U A A S R
M N I G S V S K R M R I U J
M P W E N T T L O V E D S N
V T H I N G F G O A S K E D
R T M U R O Z T P A F V J R
M E I A L D T T P G A S W S
O B E R I A A A N E E V I G
R B P Q E E C I H L C F T G
F E S O R H Y K L W K X N J
L F H G U A N S N N U I E Q
E O G C S Y U I E O K M S P
Y R P F A F O L L O W E S O
W E O W E E T A O F M L P U
E Q A Y R E T L U D A U I T
G N I T T E S L O E N O D T
```

I RECEIVED MERCY

```
U E E V O L I N V G I G Z D
V Y V T T I B S E R V I C E
Z S H A C F B C M M C V X G
J E S U S E N Y F L A E S D
S G C L C E F O L O T N E U
I A K A I T R R O N O H L J
N F U T R E T N E N O P P O
N S A R M G T L J P Y R M L
E P C O T E O E V V H R A O
R T S M M S E D R T P D X R
S T S M N S A Y I N G K E D
O H D I S P L A Y Q A A V U
G A W G R I F C U O S L E X
V Y H N H R T H O S E R Y
U K I T O E C E N F U L L H
K Z O K M M B D L R O W G K
```

PROPER USE OF ALTARS

```
R U S Z L Q B L P V I E Y E
K L F O P W Z O I Z F O M E
V P F R O M R O W R U A M F
Q M E U N F I T I R N O D H
V A L E T J V N O E C A E P
L D P N H R A N G F U S I
I E R A G S L X O F T R D W
M U S T I Y E C I O B L E W
B I S U M H A K N D I H K
Y U I R X T R E G U O O C H X
I O L A T H S G B G F L P
Q E V L A R I O S E Y S
M P E O P L E A O L T K H W
H T R A E S T D F O D E A E
T Q T Q S S Z A N K K S P M
S K N T J X A T R U W E E S
```

DON'T WORRY ABOUT FOOD

```
Z T B J T F A T Z I N N J Q
N N N D N E A R W N D O L R
E J O E A D U U S T C R I V
Q D B P W E R T U O B A O V
Q I Y O E V K R H C G N Z O L
I Y G V O C S H B D R Y F K A
L I U P E A F Y E N O V G R E
G H T L J O U T S S U W O E H
L A K E Y G E S S H R O D H
D N S F L C D E E O B U F T
W U W T Y L I E L C W O H O
S D X H I M S K B A A I T W
N P N H E O V I S O N L X Q
Q A E Y G R E N E G A D P D
Q C Z N B F E G S E V T E I
G W X R D N L O S E X Z S D
```

SHE WAS PRAYING

```
D R L P T F H V I R S H Y M
A E T G N I V O M L R D J K
S Q M N K I U Y Y R O L B X
R U D I N T Z R E G N O L C
E S Y K A I H P W P A W O L
S R N H I L I P S G M N Z
O T E I T I C E N O E N I W
G M V R E K T X R K B G I L
T W F D E A S K E D R Q D H
B U M D D H B T G A P T Z D
J M O P R A Y I N G P Y G E
C G B H C W A T O E O N V H
I D I K W A M A R I W I R C
X B I E D Y U E T H W A N T
I R R D T C P H S I U G N A
I V M W O N J I D E O A J W
```

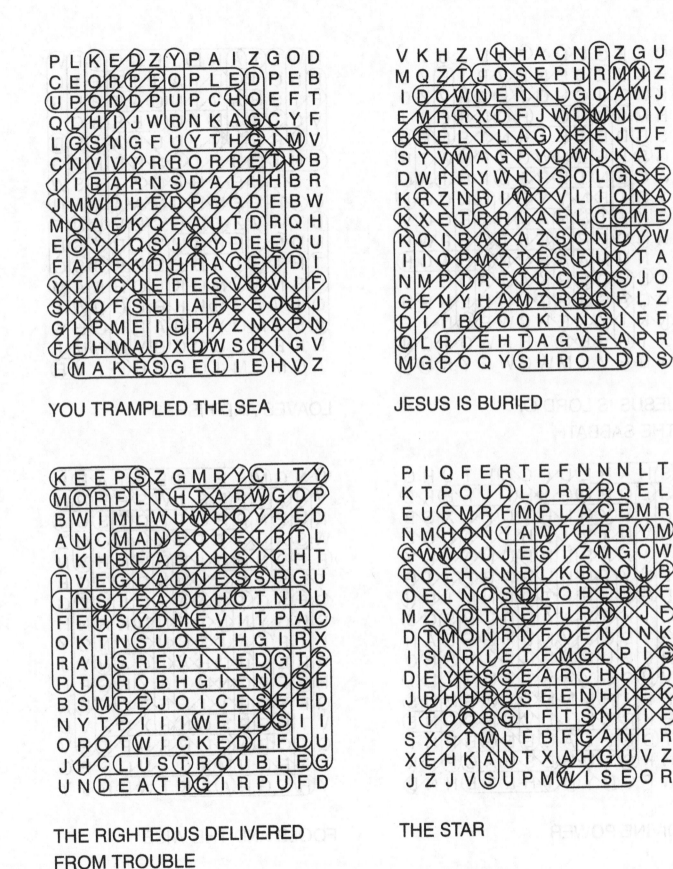

YOU TRAMPLED THE SEA

JESUS IS BURIED

THE RIGHTEOUS DELIVERED
FROM TROUBLE

THE STAR

Q F F G C U Y E A D J U T X
B C J Z Q D N F V P I E Y B
K W T J C U Q T L A H V Z D
H M S D H G I H O U S E X J
S R D E T B I K N T F N E D
G S L E E H W G X P N W T R
W C E N T E R E D F B I A O
I C I E N Y Y O B D N C W L
C K F T S N A M U O B C Q V
H N O P R I E S T G E P W F
A N U N A A R M N W H I C H
I D S O E R K A A P O C K V
C O A S J G G U H C L H R H
N K I Y A E R C W P D U I F
X I D V B P T H K W O I C N
W B E V K M W G W E Y K D K

JESUS IS LORD OF THE SABBATH

LOAVES AND FISHES

S H A R E D F C C H T U H G
S L O R D G I H L I F E K E
E I H Y O U R V C F F X S B
N V N X V I E H I F A C O E
I I X F S E R P O N A I X Y
L N Y T U U U R W P E A T G
D G C H E L T O E N M I D H
O I K R V A A D D J R S O D
G V D O E V N U Y G E E A H
R E E U R A R C E I V S H O
V S I S G Y A S T T O M I U T
F E H N N N I L W G M U S
B K R C K I L V N H O O N E
T D E L L A C E E G B R H T
H K S Y U G E S U A C P L K
W F G Q Y D T H E S E H N D

DIVINE POWER

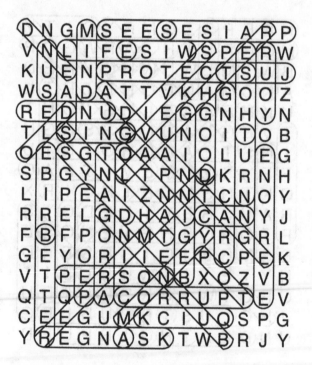

FOOLS AND THE WISE

HOLY CONDUCT

BIRTHRIGHT

40 DAYS AND 40 NIGHTS

THE SON AND THE FATHER

REMAIN STEADFAST

THE PEOPLE MAY DRINK

TRUE RICHES

SIGNS ACCOMPANY THOSE WHO BELIEVE

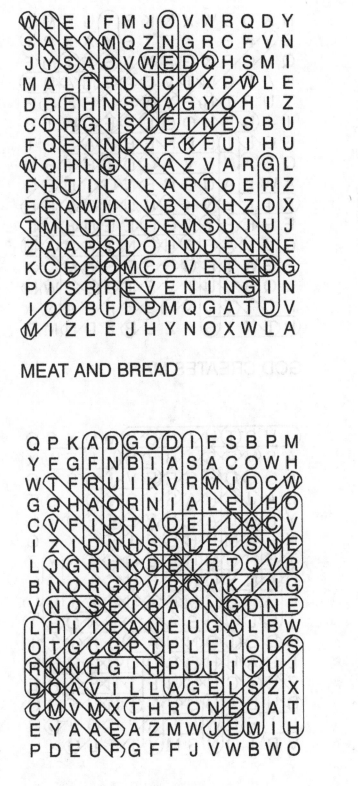

MEAT AND BREAD

GOD DESTROYED THE CITIES

AN ANGEL APPEARS

THE BEAST FROM THE SEA

D R O W S O N G S I U U K B
G S H V N M B O N E S M R L
S N A A R A G E N I V O T M
E R I T R Y E N O H K O X A
I M O R N M C X I E O L K K
L O O B B K F L N T L G A E
F W X N H B R U H I T N V W
J D H C S G P F L S G I F T
S Z U L N R I R W I G T H C
E M Q I A T A E O V X O N O
M R K H L A M E N M U O T L
I A S B T O F H C T I H A D
T I J A C F U C A N E S N O
B N O L B Q O W E R I I E J
H C E E P S N S S C W R N S
B W O C G U C Y K T X F P X

ADVICE

H X U S W X X K B Y U F M D
E Y K P B K P I F K A X R I
Q H O P X G A N A S Y T M F
K A F U M T V C A V M A D E
T U P T R F Y W R M G H D H
I I D E K O O L R E U W T H
G Q E T D E N E P P A H P T
Q S A N E V I G D I R T R U
A W L A U G R B N O T D E Q
F I L L N K S D U I O L F D
E R E P Y D O G L E N F U C
C J V A R F H G N I K R A M
B G W I R O B S R S W M O X
L Q B U U T V E I E E R W M
P C I T C N H E D F E A N A
H T X I S H Z L R X D N M S

GOD CREATES MAN

X T B Z H D F M O D S I W H
T A E R G O D W T T D S C Q
B H H B B E F O R E T R W S
I W O N K Z N E K R A A E B
T L L A W N T O I E G E M U
G D D U A F O V S G K L I S
S I E C A R I U N H A P P Y
A A V E C N E I R E P X E L
M S I E G C H I L D R E N L
N W E Y N T D O N E E S U O
D I C N Y A Y C V I H C N F
W N R R K T M O A L C U D H
L D E R I U Q C A P A R E X
V V P N N O C R G P E A R W
E H A U G T H G I A R T S O
U V W S B D K K R T P K X B

STRIVING AFTER WIND

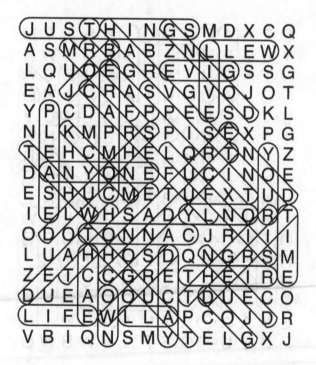

J U S T H I N G S M D X C Q
A S M R B A B Z N L L E W X
L Q U O E G R E V I G S S G
E A J C R A S V G V O J O T
Y P C D A F P P E E S D K L
N L K M P R S P I S E X P G
T E H C M H E L Q R T N Y Z
D A N Y O N E F U C I N O E
E S H U C M E T I F X T U D
I E L W H S A D Y L N O R T
O D O T O N N A C J R I I I
L U A H H O S D Q N G R S M
Z E T C C G R E T H E I R E
D U E A O O U C T D U E C O
L I F E W L L A P C O J D R
V B I Q N S M Y T E L G X J

WE HARVEST WHAT WE PLANT

DO NOT CAUSE A
BROTHER TO FALL

THE MAN BORN BLIND

PARABLE OF THE LOST SHEEP

JESUS CLEANSES THE TEMPLE

I HAVE TAKEN REFUGE IN YOU

```
L J X N B C R U E L I Q C K
F Q U L G M F R O M C K R B
P T D R A W O T O Y C S Y Q
L Y A M X F R W H O P E A R
Q S F K E Q T D R U C V B V
P U K B E D R O J R F E X W
S I N C E N E G U F E R I E
N W R J A S S D P L A C E V
T O O K U L S O N E K R R A
U Z B A I S M B S E F B X G
R L C V L O T I D G P Q J V
N E E O H W A S G W H E R E
B M U C I R A B L H A N D S
U A I L P V Q Y O N T O R E
V H F N E Q I R S U C Y O S
W S O P W P R P P V T D L L
```

RESPECT FOR AUTHORITIES

```
D Y I R S H O C D O G Q N Q
V J A X W T B C S H O B A X
C U B B O R E L T S I X E S
D D I A R F A S E S O H T R
U G I W D D R T G V I O N E
M N R I Z D F H M U S T L
R S E V E R Y Y C S A E U
Q N T G I O D E V I E C E R
C T I N M U A U E C I N S U
E A T E I T G V N M R E U C N
Y H U V Z O T R E I R C B U
A W T A A P P R O V A L J C
Z S E N E V E P A R C V E Y
R A D C P H O N A E R M C C
M K X H T U T I B I F E T D
T E T W U L P Y D A P D T P
```

THE LORD REIGNS FOREVER

```
Q W S Y S F Y Y T H E I R T
R D D E K C I W C E N E M Y
D W L O M N N L E I I R O O
M O R F N I A Y L G T U S J
W D O N E E T M N E B I T D
D V W D T B S S E L D N E R
L I R E F O R E V E R S E S
L C E G S S E N R I A F I P
E T R D M B I A R R U N T R
T R O U B L E E E G G Z H A
M A V J A P T C E J E L I I
V E A I P L V N A T I O N S
B H F A E C I T S U J R G E
S G T H R O N E S G S D S V
X I S E L U R E B U K E D P
I H O B J U G G J H E K D F L
```

LIVING IN THE LIGHT

```
J U O I V L F H L A A H M I
L L A F J Z B H L L C G J O
H G A R I M F O O L I N G N
W N F O R G I V E J J I D L
Y I A M V D R A E H S V Y Y
P C C K S O N Z A Y I I G D
P I L K H S S F C E N L C S
A T H A E T C C H G Q F Q D
P C H S I D U O V S A Y A R
E A O G W M N R N I E R H C
E R J T I O Y E T F K K D G
F P F E H L L H S N E O N E
X O P G S E F L E S O S T L
D R S Z O U R S E L V E S I
Z J I U L D S Y B F A H U U
X Q C L H E J J I J P R J V
```

346

```
C N R E P I W S X T J H J S
N L E M D P O D O W N E W E
E L L V G I S G N I Y R C P
D E L C A N R E B A T T S B
A W A Y G E I B L V B W I Y
M D H X T N H M A P T S R C
J M S K T A W T O C O E U T
S E A R D H E S A C V E E H
O X W A Y I E R N E A C P I
N A J F N I A I G A D I I N
J N F I A E A F R Y G O D G
R L U E T P J B R L M V O S
C M I G N T S M O O U T U E
A V T L S X F C N H M E N Y
I Q U H S K A H A S K D F E
H J W Z L Z I A B M I D W Y
```

THE NEW HEAVEN AND EARTH

```
R L O O U O C O M C B E M X
K T T T G D D T R U R E V U
E Y X Z U V A C D T G P L X
D A J F N A M W O R D R T I
W C A Q Q V T E G U A D F Y
K Z N Y C S S T N E S F V F
H M C V D L P A B F S R R X
O G L Q Q S M E O I J O H N
W Z U L D Y V O Z L M P H W
U G Z O A E S P W V I D C W
J B X L R T H I N G G Q I H
I O U Y K H T R X U H L H E
R Z J V N T U O H T I W
R S O B E G I N N I N G C A
R Y O S S H I N E T H H B C
X K S W S D H O I V O T N I
```

THE TRUE LIGHT

MOSES ON MOUNT SINAI

THE AUTHORITY OF JESUS

THE ARK AND DAGON

MOSES FLEES TO MIDIAN

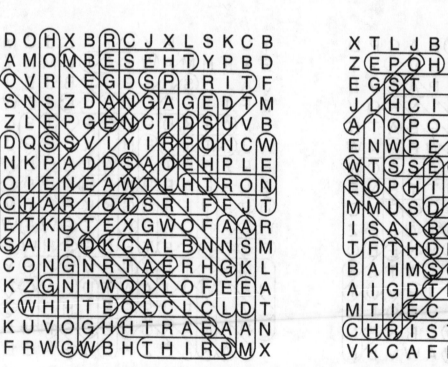

THE FOUR CHARIOTS

BY FAITH

348

THE FRINGE OF HIS GARMENT

THE FAMINE

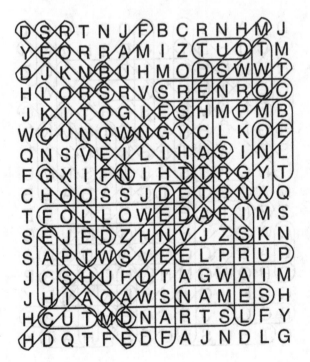

OFFERINGS

THE EPHOD

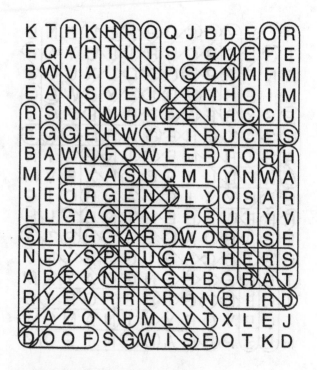

THE FIRST-BORN

CONSIDER THE ANT

ALWAYS SEEK HIS PRESENCE

BE FAITHFUL

CAIN KILLS ABEL

WATER BECOMES WINE

We Have EVERYTHING on Anything!

With more than 19 million copies sold, the Everything® series has become one of America's favorite resources for solving problems, learning new skills, and organizing lives. Our brand is not only recognizable—it's also welcomed.

The series is a hand-in-hand partner for people who are ready to tackle new subjects—like you!

For more information on the Everything® series, please visit *www.adamsmedia.com*.

The Everything® list spans a wide range of subjects, with more than 500 titles covering 25 different categories:

Business	History	Reference
Careers	Home Improvement	Religion
Children's Storybooks	Everything Kids	Self-Help
Computers	Languages	Sports & Fitness
Cooking	Music	Travel
Crafts and Hobbies	New Age	Wedding
Education/Schools	Parenting	Writing
Games and Puzzles	Personal Finance	
Health	Pets